MUSÉE IMPÉRIAL

DU LOUVRE.

PRIX : 75 CENTIMES.

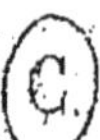

NOTICE

DES

ANTIQUITÉS ASSYRIENNES,

BABYLONIENNES, PERSES, HÉBRAÏQUES.

EXPOSÉES

DANS LES GALERIES

DU

MUSÉE DU LOUVRE,

PAR

ADRIEN DE LONGPÉRIER,

Membre de l'Institut,

CONSERVATEUR DES ANTIQUES.

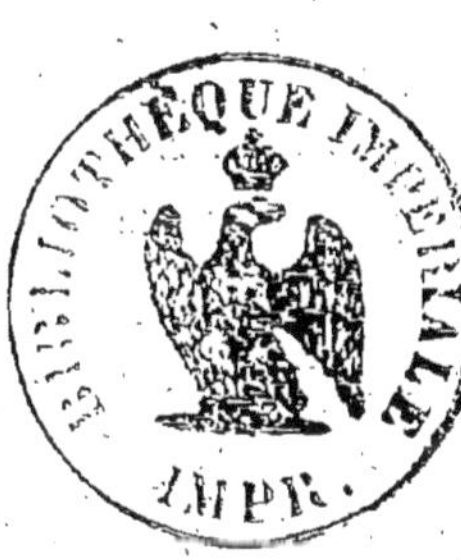

TROISIÈME ÉDITION.

PARIS,

VINCHON, IMPRIMEUR DES MUSÉES IMPÉRIAUX,

RUE J.-J. ROUSSEAU, 8.

1854

Monsieur le Directeur général,

J'ai l'honneur de vous adresser les épreuves de la 3e édition de la Notice des monuments exposés dans la galerie des antiquités assyriennes.

Par suite des acquisitions qui ont été faites depuis quelques années, les collections d'antiquités orientales se sont accrues considérablement, et j'ai pensé devoir réunir les monuments de tous les peuples dont la civilisation se rattache à celle du grand empire d'Assyrie. Cette Notice contient donc actuellement la description d'antiquités assyriennes, babyloniennes, perses, juives, moabites, phéniciennes et palmyréniennes.

J'ai ajouté à cette 3e édition une préface, dans laquelle j'expose les notions qui, à mon sens, résultent de l'ensemble de tous ces monuments comparé aux ouvrages d'art de la Grèce. Ce travail a pour objet de faire mieux apprécier toute l'importance des débris antiques recueillis dans l'Asie sémitique, contrée qui doit actuellement être considérée comme le berceau de l'art que notre Occident a reçu des Grecs.

Je vous prie, Monsieur le Directeur général, si vous approuvez cette notice, de vouloir bien m'autoriser à en faire faire le tirage.

Agréez, Monsieur le Directeur général, l'expression de mes sentiments dévoués et de ma haute considération.

Le Conservateur des antiques,
LONGPÉRIER.

Approuvé :

19 août 1852.

Le Directeur général des musées,

NIEUWERKERKE.

RELATION.

Le gouvernement ayant jugé utile d'établir un consulat à Moussoul, choisit pour occuper ce poste M. P.—E. Botta, qui partit au commencement de l'année 1842. Ce fonctionnaire, qui déjà avait visité divers pays de l'Orient, se promettait de faire des recherches sur la rive orientale du Tigre, en face de Moussoul, dans ces lieux où les auteurs anciens et les traditions, confirmées par des traces encore évidentes, s'accordent à placer Ninive, l'antique capitale de la monarchie assyrienne.

Suivant le voyageur anglais Rich, l'enceinte de Ninive, qui embrasse une étendue d'environ deux tiers de lieue de large sur une lieue un tiers de long, est formée de deux murs séparés par un fossé encore bien conservé; dans l'espace que renferme ces fortifications construites en blocs immenses, des fouilles ont fait retrouver quelques substructions, parmi lesquelles étaient des briques et des dalles de gypse, les unes et les autres chargées de caractères cunéiformes.

On avait aussi découvert dans la partie nord-ouest de l'enceinte, à un endroit où la muraille est plus haute et plus épaisse que partout ailleurs, un immense bas-relief représentant des figures d'hommes et d'animaux. Tous les habitants de Moussoul allèrent examiner ce curieux échantillon de l'art assyrien, qui fut ensuite mis en pièces.

M. Botta songea d'abord à faire exécuter des fouilles dans le monticule sur lequel est bâti le village de Niniouah, situé dans l'enceinte qui vient d'être décrite et qui est le dernier reste de la ville célèbre dont il a conservé le nom. Mais le nombre et l'importance des maisons qui couvrent ce monticule ne permettaient pas de faire des travaux que repoussaient d'ailleurs les préjugés religieux des habitants. Là, en effet, est construite la mosquée de Nabi-Iounes, qui, suivant une tradition locale, renferme, comme son nom l'indique, le tombeau du prophète Jonas; c'est un lieu sacré aux yeux des musulmans.

M. Botta dut donc porter ses recherches sur un autre point, et il choisit pour commencer ses opérations le monticule de Koyoundjek, situé au nord du village du Niniouah, auquel il est joint par les restes d'une ancienne muraille en briques crues. Cette vaste éminence est une masse évidemment artificielle, et suivant l'opinion du savant consul, elle a dû supporter autrefois le principal palais des rois d'Assyrie. A la face occidentale et près de l'extrémité méridionale de cette colline, quelques briques de grandes dimensions, liées avec du bitume (1), semblaient indiquer le site de constructions antiques ; c'est là qu'au mois de décembre de 1842 les fouilles furent commencées.

Les ouvriers mirent au jour de nombreux fragments de bas-reliefs et d'inscriptions (2), mais rien de complet ne vint encourager M. Botta, qui, malgré les dépenses que lui occasionnait cette entreprise, et en dépit des apparences défavorables, n'en continua pas moins pendant trois mois des recherches presque infructueuses.

(1) Voyez les briques de Koyoundjek, décrites plus loin sous les n°ˢ 532 à 535.

(2) Voyez le fragment d'inscription décrit sous le n° 531.

Cependant ces travaux attirèrent l'attention, et un habitant de Khorsabad apporta deux grandes briques avec inscription cunéiforme trouvées auprès de son village, offrant à M. Botta de lui en procurer autant qu'il le désirerait.

Trois mois plus tard, c'est-à-dire le 20 mars 1843, notre consul, fatigué de ne trouver dans le monticule de Koyoundjek que des débris sans valeur, et se rappelant les briques de Khorsabad, envoya dans cette localité quelques ouvriers pour tâter le terrain. Trois jours après un des ouvriers vint dire que l'on avait trouvé des figures et des inscriptions.

Le village de Khorsabad est situé à environ seize kilomètres au nord-est de Moussoul, sur la route qui conduit de cette ville à Amadieh, et près de la rive gauche de la petite rivière nommée Khausser, qui vient se jeter dans le Tigre en traversant l'enceinte antique de Ninive. Il est bâti sur un monticule allongé de l'est à l'ouest; l'extrémité orientale se relève en un cône que l'on croyait moderne ; l'extrémité occidentale se bifurque, et c'est sur la pointe septentrionale de cette bifurcation que les ouvriers de M. Botta firent leurs premières découvertes.

On mit à nu, d'abord, la partie inférieure de murailles parallèles qui semblaient déterminer un passage d'environ trois mètres au bout duquel se trouvait une salle dont les parois étaient couvertes de bas-reliefs représentant des combats : M. Botta ayant fait creuser un puits à quelques pas plus loin, on trouva immédiatement trois bas-reliefs qui offrirent les premières figures complètes. Ce fut dans cette exploration que M. Botta trouva deux autels (1) et les restes d'une façade qui dépassait le niveau du sol.

(1) Voyez l'autel décrit sous le n° 14.

Les premiers mois de 1843 furent employés à poursuivre des fouilles qui avaient produit d'aussi intéressants
résultats; M. Botta en adressa la relation circonstanciée à
M. Mohl, qui s'empressa de la communiquer à l'Académie
des inscriptions et belles-lettres. Bientôt, sur la demande
de MM. Vitet, Letronne et Mohl, une somme de 3,000 fr.
fut mise par M. le ministre de l'intérieur à la disposition
de M. Botta, qui put dès lors donner plus d'activité et
d'étendue à ses travaux.

Il fallait cependant triompher d'obstacles sans cesse re-
naissants; l'insalubrité du climat, causée par le voisinage
de terrains marécageux, avait mis en danger la vie du
consul et des ouvriers qu'il occupait, mais la mauvaise
volonté de l'autorité locale opposait des difficultés bien
plus graves à surmonter; ce fut une lutte de tous les
jours, des négociations sans cesse à recommencer. Malgré
cela les travaux furent menés jusqu'au mois d'octobre,
époque à laquelle Mehmed, pacha de Moussoul, interdit
formellement la continuation des fouilles. Avec sa permission expresse, M. Botta avait fait construire à Khorsabad
une petite maison, dans laquelle il logeait quand il allait
visiter les ruines. Le pacha prétendit que cette habitation
était une forteresse élevée pour dominer le pays, et il
informa la Porte de cette circonstance, affectant de considérer les excavations archéologiques comme les fossés de
cette citadelle imaginaire.

M. Botta écrivit alors à l'ambassadeur de France à Constantinople pour l'avertir de ce qui se passait; et, en atten-
dant qu'un ordre du gouvernement turc le mît à même de
terminer les fouilles, il acheva la copie des inscriptions
déjà découvertes et fit transporter dans la cour de sa maison

tous les bas—reliefs qui lui parurent dignes d'être envoyés en France.

M. Botta avait adressé à Paris des dessins fort exacts d'un certain nombre de bas—reliefs, mais en même temps il avait exprimé le désir d'être secondé par un artiste qui pût copier toutes les sculptures qu'il serait impossible de transporter en France. L'Académie des inscriptions et belles-lettres appuya cette demande, et choisit M. Flandin, peintre, qui avait déjà rempli une mission en Perse. Par décision des 5 et 12 octobre 1843, MM. les ministres de l'intérieur et de l'instruction publique ouvrirent un nouveau crédit affecté à la continuation des recherches; ils décidèrent, en outre, que toutes les sculptures que leur état de conservation recommanderait à l'attention seraient expédiées en France, et qu'une publication spéciale ferait connaître au monde savant cette précieuse découverte.

Grâce à l'insistance de l'ambassadeur de France, la Porte finit par accorder l'autorisation de poursuivre les travaux. Les habitants de Khorsabad reçurent la permission de vendre leurs maisons et d'aller s'établir momentanément au pied du monticule. Les fouilles purent être reprises à la condition de rétablir, lorsqu'elles seraient achevées, le terrain dans son état primitif, afin que le village pût être rebâti sur le même emplacement. Enfin un commissaire turc fut envoyé à Moussoul pour prévenir de nouveaux empêchements. Toutefois, ce ne fut que le 4 mai 1844 que M. Flandin, arrivant de Constantinople, put apporter à M. Botta les firmans qu'il réclamait depuis sept mois.

A la même époque, un grand nombre de chrétiens nestoriens, chassés de leurs montagnes par les Curdes, vinrent se réfugier à Moussoul et dans les villages des environs. M. Botta voulut soulager leur misère en utilisant leur travail, et ces hommes robustes et dociles lui apportèrent un concours d'autant plus précieux qu'il était difficile de se procurer dans le pays le nombre d'ouvriers nécessaire. Tous les obstacles étant levés, il fut possible, vers le milieu du mois de mai de 1844, de recommencer les fouilles si longtemps abandonnées forcément, mais qui cette fois purent être conduites jusqu'à la fin d'octobre sans interruption. Pendant quelque temps, près de trois cents ouvriers furent employés à déblayer le sol auquel chaque jour on arrachait d'inappréciables dépouilles. M. Flandin dessinait les bas-reliefs à mesure qu'ils sortaient de terre, mesurait toutes les parties du monument et recueillait les diverses notions qui lui permettront d'en rétablir le plan primitif. En même temps, M. Botta copiait, avec non moins d'activité, les nombreuses inscriptions cunéiformes qui couvraient les murailles.

On découvrit successivement tout ce qui subsistait de l'édifice, jusqu'à ce qu'on fût arrivé à un point où il n'existait plus que des murailles de briques, privées, depuis une époque très reculée probablement, des dalles de gypse sculptées dont elles avaient été revêtues. A la fin du mois d'octobre de 1844, l'exhumation du palais de Khorsabad pouvait être considérée comme achevée, et M. Botta mit un terme aux travaux.

Conformément aux ordres du gouvernement, les morceaux de sculpture les plus remarquables et les mieux conservés furent choisis pour être envoyés en France. M. Botta avait à les faire transporter à Moussoul, puis ensuite à Bagdad. Il s'agissait d'effectuer ce transport et de franchir les seize kilomètres qui séparent Khorsabad de Moussoul. Cette opération était d'autant plus pénible que des pluies continuelles avaient détrempé le chemin; les roues d'un chariot qu'il avait fallu construire enfonçaient dans la boue jusqu'aux essieux, sous la charge de blocs de gypse dont quelques uns pèsent douze mille kilogrammes. Il avait été impossible de faire construire des caisses assez solides; on recouvrit la surface sculptée des bas-reliefs avec des poutres, reliées par des écrous à des pièces de bois correspondantes placées contre la face postérieure. Ce moyen a parfaitement réussi, et les monuments sont arrivés à leur destination sans avoir éprouvé le plus léger dommage.

M. Botta ne pouvant se procurer un nombre suffisant de buffles de trait, eut recours aux bras des Nestoriens, et les efforts réunis de deux cents hommes suffirent à peine pour traîner certains blocs; les plus difficiles à mouvoir étaient aussi les plus intéressants, c'est-à-dire ces magnifiques taureaux à face humaine dont l'emploi dans la construction des portes est un trait caractéristique de l'architecture assyrienne et perse (1).

Il était tombé pendant l'hiver de 1844 à 1845 très peu de neige dans les montagnes : aussi le Tigre fut loin d'atteindre sa hauteur ordinaire, et même il commença à décroître bien avant l'époque accoutumée. Il était donc urgent de profiter des hautes eaux pour envoyer à Bagdad les caisses destinées au Musée, car leur dimension exigeait des radeaux d'une grandeur inusitée dont la préparation (à Moussoul, les *kéleks* ou radeaux sont formés de pièces de bois fixées sur des outres) pouvait entraîner

(1) Voyez les monuments décrits plus loin sous les nᵒˢ 1 et 2.

un retard qui eût fait ajourner le départ à l'année suivante.

Enfin, au mois de juin de 1845, huit mois après l'achè-
vement des fouilles, les sculptures avaient été amenées sur
le bord du fleuve et, au moyen d'un plan incliné pratiqué
dans la berge, embarquées sur les *kéleks*. A la fin de mai,
les monuments extraits du monticule de Khorsabad étaient
déposés à Bagdad chez le consul de France, M. Lœwe-
Weimars, qui pendant près d'une année les eut sous sa
garde, car les nécessités du service ne permirent pas plus
tôt l'envoi d'un bâtiment de l'État, et ce ne fut qu'au mois
de mars de 1846 que la gabarre le *Cormoran* arriva à Bas-
sora. M. Lœwe-Weimars prit le soin de faire conduire les
caisses sur le Tigre jusqu'au lieu où le navire avait dû les
attendre, et au commencement de juin elles partaient pour
la France; elles arrivèrent au mois de décembre. Après
avoir touché à Brest, le *Cormoran* vint au Havre, où l'on
débarqua la première collection de grands monuments assyriens qui eût encore été apportée en Europe.

Par ordre de M. le ministre de l'intérieur, M. Botta
était allé surveiller le transbordement des sculptures sur
le chaland destiné à les faire remonter jusqu'à Paris,
où elles ont été déposées sans accident au mois de février
de 1847.

On sait avec quelle libéralité les Chambres ont accordé
les crédits nécessaires pour assurer à notre pays la posses-
sion de monuments d'un art inconnu jusqu'alors; fournis-
sant ainsi aux artistes et à tous ceux qui s'occupent de la
connaissance du monde ancien un sujet fécond d'études et
d'observations. Il appartient maintenant à la philologie de
donner à ces monuments toute leur valeur en dévoilant le

secret des nombreuses inscriptions cunéiformes qui seules pourront assigner une place exacte dans l'histoire à tant de précieux restes d'un monde détruit.

Toutes les inscriptions cunéiformes des rois Achéménides de la Perse, gravées, soit sur les rochers, soit sur les palais, soit même sur les vases ou sur les sceaux, sont conçues en trois langues, représentées par trois systèmes d'écriture dont le principe est un trait en forme de *clou* ou de *coin* (de là les noms de *cunéiforme*, de *keilschrift*, de *arrow-headed character*). La différence qui existe entre ces trois systèmes consiste dans la combinaison de cet élément très simple. Le texte qui occupe toujours la première place, et dont le déchiffrement a été poussé si loin par MM. Burnouf et Lassen (1), est de l'ancien persan ou du zend à un état un peu plus rapproché du sanscrit et du grec que le zend des livres de Zoroastre, fait qui s'explique par l'antériorité des inscriptions. Ce qui a permis d'interpréter assez vite les écritures cunéiformes du système perse, c'est le nombre peu considérable des caractères, la simplicité de leurs combinaisons, l'absence d'homophones, maintenant bien constatée, et surtout la présence d'un signe de ponctuation qui sépare tous les mots sans exception. Le troisième système des inscriptions achéménides est, avec quelques modifications, celui qui s'est retrouvé sur toutes les parties de l'édifice de Khorsabad. Dans ce

(1) Grâce à quelques améliorations introduites dans le système de lecture de l'écriture cunéiforme des Perses, améliorations dues à la sagacité de M. Jules Oppert, cette écriture se peut maintenant classer parmi les plus régulièrement connues, telles que celles des Hébreux, des Arabes (voyez *Revue archéologique*, t. v, 1848, p. 1 et 65, et *Journal asiatique*, 1851, t. xvii, p. 255 et suiv., 378 et suiv., 534 et suiv.; t. xviii, p. 56 et suiv., 322 et suiv., 553 et suiv.; t. xix, p. 140 et suiv.).

système, les caractères sont fort nombreux, la combinaison des *clous* très compliquée, les homophones évidentes ; l'emploi de monogrammes et l'absence de ponctuation entre les mots constituent de graves difficultés. Cependant les inscriptions trilingues de la Perse fournissent, par la comparaison des noms d'hommes et de lieux, la clef des écritures assyriennes. La lecture, encore fort imparfaite, de celles-ci donne une langue très voisine du chaldéen de la Bible. Sans entrer dans de plus amples détails à ce sujet, il importe de consigner ici ce résultat : à savoir, que les monuments décrits ci-après sous les nᵒˢ 1, 14, 30, 38, offrent la légende royale plus ou moins abrégée : *Sargon, roi grand, roi puissant, roi des rois du pays d'Assour* (1). Le roi Sargon, fils de Sennachérib, qu'Isaïe représente comme vainqueur de la Judée, de l'Egypte et de l'Éthiopie (ch. xx), a régné, suivant le calcul des chronologistes, de 710 à 668 avant notre ère. Ainsi l'édifice de Khorsabad serait contemporain des commencements de Rome et antérieur d'un siècle et demi au règne de Cyrus, dont la figure, sculptée en bas-relief à Mourghâb, présente la plus frappante analogie de style avec celles qui sont décrites ici sous les nᵒˢ 6, 8 et 15.

A. L.

Décembre 1847.

(1) Voyez *Revue archéologique*, 1847, p. 502, et *Journal asiatique*, 1847, t. x, p. 532.

PRÉFACE

DE LA TROISIÈME ÉDITION.

Depuis l'époque à laquelle a été rédigée la première édition de cette notice, de précieuses découvertes ont été faites en Assyrie par M. Layard, découvertes qui ont enrichi le Musée britannique d'une collection importante de monuments de toutes natures, tels que des bas-reliefs, des statues de ronde bosse, un obélisque couvert de sculptures et d'inscriptions qui les commentent, des briques émaillées aux couleurs brillantes et variées, des armes, des ivoires travaillés, des vases, etc. Ces objets, à l'exception de quelques-uns d'entre eux qui ont été recueillis à Khorsabad, à Koyoundjek, à Karamlès et à Kalah-Schirgat, proviennent d'un autre édifice très considérable nommé Némrôd, situé à près de cinquante kilomètres au sud de l'enceinte de Ninive, près du point où le Zab-Ala se jette dans le Tigre. Les sculptures de Némrôd sont plus ouvragées que celles de Khorsabad ; on y remarque plus d'ornements dans les étoffes et dans les ustensiles ; il paraît, d'ailleurs, d'après des inscriptions généalogiques imprimées sur des briques, que le roi, dont le nom se retrouve sur toutes les parties des constructions nord-ouest de Némrôd, est un peu plus ancien que le roi Sargon qui a fait édifier Khorsabad, tandis que le prince qui a fait bâtir, dans

Ninive même, le palais de Koyoundjek, est, suivant ces mêmes documents, un fils de Sargon.

Le Musée de Berlin a fait l'acquisition d'une grande stèle représentant ce dernier roi, monument découvert dans les ruines de l'antique ville de Cittium, en Chypre (1). Plusieurs coupes d'argent doré, de travail assyrien, ont été trouvées dans le même lieu, et l'une de ces coupes a été donnée au Louvre par M. de Saulcy (2), tandis qu'une autre, portant des figures en relief, a pu récemment être examinée à Paris par quelques antiquaires (3).

La présence de monuments assyriens dans l'île de Chypre est un fait de la plus haute importance pour l'histoire de l'art. Il nous explique comment, même avant l'avénement des Achéménides et les invasions de ces princes en Asie-Mineure et en Grèce, ces deux contrées avaient pu emprunter à l'Assyrie des notions d'art, des types qui se sont transmis traditionnellement dans toutes les parties de l'Occident où les Grecs se sont établis.

Dès une époque très reculée, il a dû exister de fréquentes communications entre Chypre, Rhodes, la Crète et la Sicile; et les écoles d'artistes crétois, rhodiens et siciliens auront reçu des leçons et des modèles de ces habiles sculpteurs assyriens, qui, à une époque où Rome existait à peine, étaient si expérimentés dans la pratique de l'art. La découverte, faite à Céri, de coupes d'argent doré de travail asiatique, tellement analogues aux coupes trouvées en

____

(1) Voyez plus loin la description de cette stèle (nº 617), dont un plâtre est déposé au Louvre.

(2) Voyez plus loin le nº 536.

(3) Depuis que ceci a été écrit, cette seconde coupe est entrée dans la collection du Louvre (Voy. plus loin nº 537).

Chypre, qu'on peut les croire contemporaines ou du moins sorties des mêmes ateliers, est un fait qui atteste les rapports de l'Assyrie avec la côte orientale de l'Italie. L'anatomie des figures sculptées dans les métopes du temple de Sélinonte, précisément parce que certains détails, tels que les yeux et les rotules, sont de convention et n'ont pu être inspirés par l'étude de la nature, nous révèle un enseignement assyrien. Lorsqu'on rapproche de certaines figures de Khorsabad (1) la copie de ce précieux bas-relief trouvé à Marathon qui représente le guerrier Aristion, un des plus anciens ouvrages grecs que l'on connaisse, on demeure frappé de la ressemblance des détails : les yeux, la chevelure, la barbe, les muscles, sont traités de la même manière.

Cette palmette, montée sur des tiges qui s'entrecoupent, telle qu'on la trouve sur le bas-relief du Louvre représentant Agamemnon et Talthybius, et sur tant de vases peints de très ancien style recueillis dans les îles de la Grèce et dans l'Étrurie, ne semble-t-elle pas une imitation de la palmette de Khorsabad ? (2)

Mais ce ne sont pas seulement les documents assyriens qui indiquent cette filiation. Une peinture de Thèbes, exécutée sous le règne de Thoutmès III, et par conséquent antérieure à l'ère chrétienne d'environ quatorze siècles, représente divers peuples qui apportent au roi des présents. Une de ces députations, composée d'Asiatiques nommés *Koufa* dans le texte hiéroglyphique (nation qui

(1) Voyez la tête de guerrier décrite plus loin sous le n° 20.
(2) Voyez plus loin la description des briques peintes avec palmettes, n°ˢ 78 à 89.

appartenait vraisemblablement à la Mésopotamie, le *Naha-raïn* conquis par Thoutmès Ier et Thoutmès III, ainsi que le prouvent diverses inscriptions), offre pour sa part un nombre très considérable de beaux vases de toutes grandeurs, dont les formes et les ornements sont précisément ceux que les Grecs ont adoptés sept ou huit siècles plus tard, et n'ont jamais été employés par les Égyptiens. Ces vases sont décorés de rosaces babyloniennes, de lignes d'eau ; on retrouve parmi eux la *cylix*, l'*œnochoé*, le *cantharc*, l'*amphore bachique*, le *lécythus* et plusieurs de ces formes que nous ont fait connaître les fouilles de Santorin et de Milo.

Les analogies si évidentes qui existent entre les sculptures de Persépolis et celles de la Grèce (analogies dont les antiquaires du siècle dernier rendaient compte en supposant que les bas-reliefs de Persépolis avaient été exécutés par des prisonniers grecs), s'expliquent nettement, à présent que l'on sait à quelle origine commune il faut rapporter les principes d'art que les Perses et les Grecs ont mis en pratique, chacun des deux peuples suivant son génie particulier.

Nous ne devons pas oublier que les sculptures découvertes près de Maalthaï, à une cinquantaine de kilomètres au nord de Moussoul, par M. Simon Rouet (1), prouvent jusqu'à l'évidence l'origine assyrienne des bas-reliefs de Ptérium (2).

Il nous paraît bien certain que les Perses continuèrent

---

(1) *Journal asiatique*, 1846, t. VII, p. 280, pl. annexée.

(2) Voyez Charles Texier, *Description de l'Asie Mineure*, pl. 78.

l'éducation orientale des Grecs qui, à la vérité, surpassèrent bientôt leurs instituteurs. Sans parler des lions de Mycène, qui sont célèbres, il est bon de rappeler que les chapiteaux de Délos, comme ceux de Persépolis (à *Tchil-Minar* et à *Nakschi-Roustem*), sont décorés de deux bustes de taureau. Le peplus fabriqué pour Alcisthène de Sybaris offrait l'image des principaux dieux de la Grèce, entre deux bordures décorées de figures orientales; *le haut*, dit Aristote, *représentait les animaux sacrés des Susiens* (1), *le bas ceux des Perses* (2). La description de cette magnifique pièce d'étoffe s'appliquerait aisément et avec la plus grande exactitude à certains vases peints trouvés dans les tombeaux de l'Étrurie, vases sur lesquels l'artiste a retracé des scènes de la mythologie hellénique, accompagnées de frises composées de rangées processionnelles de lions, de taureaux, d'animaux ailés dont la physionomie asiatique est frappante au plus haut degré. Ce caractère oriental se manifeste encore dans les sculptures d'Assos, qui nous montrent tous ces animaux sacrés que nous retrouvons dans les bordures qui ornent, comme celles du *peplus* d'Alcisthène, les vêtements des personnages sculptés dans les bas-reliefs de Némrôd.

On s'explique facilement ces analogies lorsqu'on pense à la parenté intime de race et de langue qui unissait les Perses et les Grecs, malgré quelques exemples d'antagonisme politique, et quand on apprécie la facilité avec laquelle ces derniers acceptaient des cultes étrangers.

(1) Peut-être les *Syriens*, nom donné fréquemment aux Assyriens.

(2) Aristoteles, *de mirabilibus auscultationibus*, XCIX, p. 200 et suiv., éd. Beckmann.

Quant à l'origine égyptienne de l'art grec, qui, pendant les deux derniers siècles, a été admise en France à peu près sans contestation, nous devons déclarer que l'étude comparative des monuments de l'Égypte et de la Grèce ne permet plus de s'y arrêter un instant. Il y a cinquante ans encore, les antiquaires étaient placés dans les conditions les plus défavorables pour discuter une pareille question. Ils connaissaient à peine les œuvres de l'art grec, et ignoraient à peu près complétement celles de la terre des Pharaons. Avant le transport en Angleterre des marbres du Parthénon, avant la découverte des frontons d'Égine, des frises de Phygalie, des métopes de Sélinonte, d'Assos et d'Olympie, des marbres de la Lycie; avant que les fouilles pratiquées à Milo, à Délos, à Athènes, à Corinthe, à Santorin, à Kertch, en Cyrénaïque, n'eussent mis au jour ces vases, ces bijoux d'or, ces terres-cuites, ces marbres qui sont venus se classer dans les musées d'Europe; alors que les sépultures de l'Étrurie recélaient encore ces milliers de monuments céramographiques qui ont une si grande importance dans les études actuelles, on en était réduit à l'examen de quelques statues d'un âge relativement moderne, comme l'Apollon *du Belvédère*, la Diane de Versailles, le Laocoon, l'Hercule *Farnèse*, auxquelles il faut ajouter un assez grand nombre de copies romaines.

C'étaient aussi des copies où des imitations romaines, la plupart trouvées à la *Villa Adriana*, qui pendant bien longtemps ont représenté l'art égyptien. Winckelmann lui-même, tout en s'apercevant de l'origine italienne de quelques-uns de ces pastiches, croyait cependant que l'empereur Adrien avait fait *copier exactement* certaines statues qui, selon lui, *ressemblent parfaitement aux ouvrages égyptiens du premier style*, soit pour l'attitude, soit pour la forme. Nous n'insisterons pas davantage sur ce point (1); il nous suffit de rappeler que l'intelligence de l'art égyptien est si récente, qu'il y a trente ans on essayait de vieillir le monde, à l'aide du zodiaque de *Denderah*, monument tout empreint de style romain.

On conçoit néanmoins quelles illusions pouvait produire la comparaison de tous ces ouvrages d'art qui devaient à leur commune origine, au ciseau romain, une parenté bien plus étroite que ne le supposait la critique, rapport dans lequel n'entrait pour rien la transmission de l'art des Égyptiens aux Grecs.

L'art assyrien, lui non plus, ne paraît rien devoir à l'Égypte, si toutefois nous en jugeons par les monuments qui jusqu'à présent ont été retrouvés. Nous ne croyons pas cependant que la découverte de sculptures appartenant aux anciennes dynasties puisse modifier l'état de la question; car dans l'art assyrien il existe évidemment un principe originel qui ne se retrouve à aucune époque de l'art égyptien, pas même au temps de Chéops et de Mycerinus.

Toutefois, les relations politiques et commerciales de l'Assyrie et de l'Égypte, qui s'expliquent si naturellement entre deux grands empires voisins et rivaux, sont attestées par les inscriptions des deux pays, par l'échange de divers produits. Les Assyriens ont taillé des scarabées sur la face plane desquels ils ont ajouté des symboles particuliers à leur religion; les Égyptiens ont emprunté la forme cylin-

____

(1) Voyez, sur les phases de l'art égyptien, l'avant-propos en tête de la *Notice des monuments égyptiens du Louvre*, par E. de Rougé, 2e édition.

drique des amulettes de Ninive et de Babylone. Si M. Layard a découvert dans les ruines de Némrôd des tablettes d'ivoire portant des sujets égyptiens, et même des légendes hiéroglyphiques, la collection de Clot-Bey, formée sur les bords du Nil, contenait un nombre assez considérable d'objets assyriens très intéressants que l'on trouvera décrits dans cette notice.

Au mois de septembre de 1851, sur la proposition de M. Léon Faucher, ministre de l'intérieur, l'Assemblée nationale législative a décidé qu'une mission scientifique serait organisée pour l'exploration de la Syrie et de la Babylonie ; en même temps une somme d'argent était affectée à la continuation des fouilles aux environs de Moussoul. M. Victor Place, consul de France, à qui cette dernière opération a été confiée, arrivé à son poste le 12 janvier de 1852, s'est mis aussitôt à l'œuvre. Déjà un premier envoi d'objets antiques est parvenu à la direction générale des musées impériaux (1). Des rapports détaillés sur les fouilles entreprises par M. Place nous donnent lieu de compter sur l'arrivée prochaine de divers autres monuments, tels que de grandes amphores, des vases de verre, des briques chargées d'inscriptions et divers bas-reliefs.

Jusqu'à présent, les monuments babyloniens et perses sont peu nombreux au Musée. En ouvrant des chapitres à part pour classer ceux qu'il possède, nous avons eu pour but d'attirer l'attention des antiquaires et des voyageurs sur quelques spécimens bien caractérisés de l'art de ces immenses empires dont l'histoire est à peine connue. Les

(1) Voyez plus loin les objets décrits sous les nos 215 à 261, 291 à 380, etc.

œuvres de l'antiquité ont cela d'admirable qu'à chaque époque et dans chaque pays l'unité de style y règne avec une puissance absolue, en sorte qu'une petite image tracée sur une pierre précieuse paraît gravée par l'artiste qui a taillé dans le rocher une figure colossale. Celui qui étudiera avec attention nos séries naissantes de monuments babyloniens et perses, ne risquera pas de se tromper lorsqu'il appliquera à des objets plus considérables les notions du style qu'il aura acquises.

A l'exception des monnaies frappées par les rois Asmonéens, on ne connaissait pas dans les collections publiques de monuments juifs; car la colonne du temple de Jérusalem, conservée à Saint-Jean-de-Latran, appartient sans doute au temps d'Hérode-le-Grand, et paraît avoir été composée sous l'influence de l'art des Séleucides. Les beaux fragments de sarcophages extraits par M. de Saulcy du sépulcre taillé dans le roc aux portes de Jérusalem (1), et connu de l'antiquité sous le nom de *Tombeau des Rois* (2), viennent offrir aux archéologues un précieux exemple d'un art tout particulier. Au temps de Salomon, les Israélites avaient recours aux étrangers pour la décoration de leurs édifices et de leurs meubles. Les Phéniciens appelés à Jérusalem par le grand roi apportaient dans l'exécution des travaux qui leur étaient confiés, leurs habitudes d'artistes, plus peut-être que des intentions religieuses. Quoi qu'il en soit, il est facile de reconnaître que Salomon s'en rapportait aux sculpteurs d'Hiram et ne leur prescrivait aucun détail d'ornementation. Les Phéniciens purent donc, en

---

(1) Voyez plus loin leur description sous les nᵒˢ 573 et 574.
(2) Josèphe, *Bell. Jud.*, lib. v, cap. 4, 12.

toute liberté, représenter dans la maison du Seigneur des chéroubs ailés, des lions et des taureaux (1), comme ils l'eussent fait à Tyr. N'eût-on d'autres renseignements sur les idées qui présidaient aux compositions de ces sculpteurs, on en conclurait fort légitimement qu'ils appartenaient à l'école assyrienne, ce que la situation géographique, comme les liens intimes de race et de langue, suffisent à expliquer. Les tombeaux recueillis par M. de Saulcy semblent plus complétement israélites que les décorations du Temple. Nulle figure d'êtres animés ne s'y remarque, et toute l'ornementation est empruntée au règne végétal. Le plus remarquable de ces sarcophages est tout couvert de guirlandes et de rinceaux composés de vignes, de grappes, de citrons, qui sont des types de la monnaie juive; de grenades comme au temple de Jérusalem; de rameaux d'amandiers, qui rappellent la verge d'Aaron; de coloquintes, ornements de la *mer d'airain*. A l'une des extrémités se trouvent néanmoins deux rosaces composées d'un point en relief au centre d'un anneau, détail dont nous constatons la présence sur un grand nombre de monuments assyriens décrits dans cette notice, aussi bien que sur la façade d'un temple représenté dans un des bas-reliefs de Khorsabad. On sait que les Phéniciens ont employé cet ornement pour leurs stèles funéraires d'Athènes, d'Afrique et leurs autels de l'île de Gozzo. Au reste, les Juifs, qui au temps de Samuel adoraient les *Baalim*, et qui conservèrent dans Jérusalem,

_____

(1) Voyez III *Reg.*, VII, 27, 28, 29. — La concision du texte biblique ne permet pas d'affirmer que les lions étaient représentés dévorant ou attaquant les taureaux; cependant cela est assez vraisemblable.

pendant plus de trois siècles et demi, les autels que Salomon avait consacrés aux dieux étrangers, devaient adopter sans répugnance, alors même qu'ils vivaient dans l'orthodoxie, quelques motifs de l'art des Phéniciens.

On voit par les brèves indications que nous venons de présenter combien les monuments assyriens sont importants pour l'histoire générale. La prépondérance dont les rois de Ninive ont joui parmi les peuples de l'Asie occidentale, l'influence que leur civilisation eut sur la Grèce et la Judée, doivent prêter à tout ce qui leur a appartenu une immense valeur dans l'estime des nations européennes, qui, bien qu'étrangères par la race et le langage à la famille sémitique, n'en ont pas moins reçu d'elle le plus précieux héritage : leur religion et leurs arts.

A. L.

Mai 1852.

NOTICE

DES

ANTIQUITÉS ASSYRIENNES,

BABYLONIENNES, PERSES, HÉBRAÏQUES,

EXPOSÉES

DANS LES GALERIES DU MUSÉE DU LOUVRE.

—◆—

MONUMENTS ASSYRIENS.

—◆—

PORTE DE L'ÉDIFICE DE KHORSABAD.

1. — Taureau ailé à face humaine, engagé par le côté
droit dans un bloc d'albâtre. Les cheveux et la barbe
sont bouclés; les oreilles ornées de pendants; la tête
surmontée d'une tiare étoilée couronnée par une rangée de plumes droites; entre les jambes de l'animal
se voient deux inscriptions encadrées par un filet, et
dont toutes les lignes sont séparées par un trait. La
plus considérable, qui a 31 lignes, commence par la
formule royale; la seconde est de 21 lignes.

> Albâtre. — Haut. 4, 20.

C'est l'inscription tracée entre les jambes de cet animal
qui contient les titres de *Sargon* 𒊬𒤒𒌦 *roi du pays
d'Assour* 𒀸𒋩 et un récit des victoires de

ce prince. Ce texte renferme un grand nombre de noms de lieux. (Voy. le travail de M. de Saulcy, inséré dans la *Revue archéologique*, 1850, t. VI, p. 765; — et, même recueil, t. VII, p. 440 et sq.).

2. — Autre taureau tout semblable au premier, auquel il fait pendant; le flanc gauche est engagé dans le bloc; entre les jambes sont deux inscriptions différentes des premières et composées de 32 et de 22 lignes.

Albâtre. — Haut. 4, 20.

Ces deux taureaux symboliques formaient l'entrée d'une des portes de l'édifice de Khorsabad.

3. — Fragment d'une tête de taureau à face humaine.

Albâtre. — Haut. 1, 12.

Quoique l'archéologie assyrienne soit encore bien incomplète, et qu'il soit par conséquent difficile d'établir une théorie positive de la valeur symbolique des monuments retrouvés jusqu'à présent, cependant on ne peut s'empêcher de remarquer que le roi d'Assyrie, en choisissant le corps du taureau pour en composer, avec son portrait, une sorte de sphinx analogue à celui qu'avaient adopté les rois d'Egypte (il est bien prouvé que les sphinx égyptiens sont des images royales), que le roi d'Assyrie, disons-nous, a pu faire allusion au nom de son peuple. Car le taureau se nomme שׁוֹר *schour* et תּוֹר *tour*, suivant les dialectes de l'idiome sémitique, comme l'Assyrie אַשּׁוּר *Aschour* et Ἀτουρία. Or, il suffit de l'addition de l'article ה devant ces mots pour produire *Haschour* et *Hatour*. C'est ainsi que la déesse *Hathor*, empruntée par l'Egypte à l'Assyrie, est représentée sous la forme d'une vache. Cette *Hathor* est assimilée à Vénus, et la colombe, oiseau consacré à cette déesse en Syrie, en Chypre, se nomme תּוֹר comme le taureau ou la vache. Les ailes et la queue de colombe, données à la figure divine qui plane au-dessus du roi d'Assyrie dans les bas-reliefs de Némrôd, peuvent avoir été choisies dans l'intention d'exprimer un caractère éponymique. Ce qui est certain, c'est que le prophète Daniel représente les quatre grandes monarchies sous la forme de quatre animaux symboliques.

4. — Figure colossale, le buste de face et les pieds nus tournés à gauche ; les cheveux sont disposés en grosses boucles ; la barbe est frisée à plusieurs rangs ; les oreilles sont ornées de pendants, les bras et les poignets de riches bracelets. Le vêtement est en forme de tunique très courte, serrée par une ceinture. De la main droite cette figure tient une arme recourbée dont la poignée se termine en tête de génisse, tandis que de son bras gauche elle presse contre son corps un lion qui se défend à l'aide de ses griffes de derrière.

Albâtre. — Haut. 4, 16.

La manière dont les détails anatomiques des jambes sont exprimés, et le relief donné au globe de l'œil, rappellent les figures sculptées dans les métopes de Sélinonte, que l'on croit avoir été exécutées vers la 50ᵉ olympiade, c'est-à-dire au commencement du VIᵉ siècle avant l'ère chrétienne.

5. — Autre figure presque semblable à la précédente ; les pieds sont chaussés de sandales qui sont fixées à l'aide d'un anneau dans lequel l'orteil est engagé, et de cordons qui se nouent sur le coude-pied. Les cheveux sont frisés en petites boucles ; les bracelets des poignets ne sont pas complétement fermés et sont ornés de deux têtes de lion. Par dessus la tunique est passée une longue *stola* ouverte par devant, bordée d'une riche frange, et qui tombe jusqu'à la cheville des pieds.

La barbe, les yeux et les sourcils portent des traces très sensibles de couleur noire et blanche.

Albâtre. — Haut. 4, 75.

Ces deux grandes figures, placées entre des taureaux, complétaient la décoration du portail. Les tuniques d'un très grand nombre de figures assyriennes, qui paraissent avoir été peintes en blanc, et la manière dont les cheveux sont disposés en petits flocons, fournissent un commentaire à ce passage de Daniel : « Son vêtement était blanc comme la neige, et la chevelure de sa tête comme de la laine mondée. » (Dan., VII, 9.) Le prophète parle d'un de ces êtres symboliques dont l'idée paraît lui avoir été inspirée par la connaissance des représentations assyriennes.

SUJETS RELIGIEUX ET SACERDOTAUX.

6. — Figure tournée à droite, barbue, l'oreille ornée d'un pendant, coiffée d'une tiare, décorée au sommet d'une fleur de lis, et à la base de trois paires de cornes de taureau; ce personnage est muni de quatre grandes ailes, deux desquelles se déploient en haut, tandis que les deux autres s'abaissent, et vêtu d'une courte tunique bordée d'un galon et de franges, vêtement en partie recouvert par une longue *stola* bordée de franges, qui, passée sur l'épaule gauche, traverse la poitrine en diagonale et s'ouvre par devant. La figure tient de la main droite une pomme de pin qu'elle présente en avant, et de la gauche une sorte de vase d'osier tressé (ou de métal figurant un tissu d'osier), dont l'anse tournante est montée sur une bordure en forme d'oiseaux éployés. Les bras et les poignets sont ornés de bracelets ciselés.

Albâtre. — Haut. 3, 00.

Les cornes de taureau qui décorent la tiare de cette figure, ainsi que d'un grand nombre d'autres représentées dans les bas-reliefs assyriens, sont un signe de puissance et de gloire, au point de vue sémitique. C'est ainsi que dans le cantique d'Anna, mère de Samuel, on remarque ce passage : *Et exaltatum est cornu meum in Deo meo* (I Reg., II, 1). Les monnaies de Séleucus Ier, roi de Syrie, représentent ce prince avec un casque muni de cornes et d'oreilles de taureau, ou avec des cornes fixées à son diadème. La manière dont les cornes sont rangées à la base de la tiare nous explique de quelle façon le prophète Daniel concevait la disposition des dix cornes du quatrième animal symbolique qu'il vit en songe (Daniel, VII, 7, 8). Les monuments assyriens sont de la plus grande utilité pour l'intelligence des livres saints. On pourra s'en convaincre en examinant les figures décrites sous les n°s 16, 25, 387, etc. C'est en étudiant avec le plus grand soin ces monuments que les artistes pourront composer des scènes bibliques avec quelque vérité.

7. — Autre figure munie de quatre ailes; elle est tournée à gauche, et la tiare n'est ornée que de deux paires de cornes.

Les yeux et la barbe conservent des traces de couleur.

Albâtre. — Haut. 3, 05.

8. — Figure debout, tournée à droite, barbue, l'oreille ornée d'un pendant, la tête couverte d'une tiare, surmontée d'une fleur de lis, et munie à la base de trois paires de cornes de taureau, les pieds nus, vêtue d'une courte tunique par dessus laquelle passe une *stola* talaire, qui laisse l'épaule droite à découvert et de laquelle pendent de longues franges. Les bras et les poignets sont ornés de bracelets; aux épaules sont fixées deux ailes dont l'une est abaissée. Ce personnage tient de la main droite une pomme de pin et de la gauche une corbeille tressée.

Albâtre. — Haut. 0, 83.

9. — Figure debout, tournée à gauche, vêtue d'une courte tunique bordée d'un galon à dessins quadrilatères et serrée autour des reins par une ceinture, dont les extrémités, terminées par des glands, tombent fort bas. Les pieds sont nus, les bras et les poignets ornés de bracelets, les épaules munies de deux grandes ailes dont l'une est abaissée. La tête est celle du percnoptère (ou aigle blanc et noir), très reconnaissable à la crête de plume qui la surmonte et aux caroncules dont le bec est recouvert à sa naissance. Les cheveux sont disposés en boucles et le cou est entouré d'un collier de grosses perles. Ce personnage, qui rappelle le dieu-oiseau Nesrok (Rois, IV, 19-37; Isaïe, 37-38), tient de la main droite une pomme de pin et de la gauche une corbeille tressée.

Albâtre. — Haut. 1, 02.

Ce bas-relief n'est pas complétement achevé.

10. — Personnage barbu, debout, tourné à gauche, l'oreille ornée d'un pendant, la tête ceinte d'un diadème chargé de trois rosaces, chaussé de sandales et vêtu d'une courte tunique recouverte par une dalmatique talaire et oblique; il tient de la main droite abaissée une fleur de lotus épanouie accompagnée de deux boutons, et sur le bras gauche il porte une gazelle (*capra ibex*). Les yeux, les cheveux, la barbe, le diadème, la tête de l'ibex et la fleur de lotus sont encore peints.

Albâtre. — Haut. 2, 59.

11. — Figuré barbue, debout, tournée à gauche, l'oreille ornée d'un pendant, la tête ceinte d'un bandeau à rosaces, chaussée de sandales et vêtue d'une riche tunique sur laquelle passe une dalmatique talaire et oblique, bordée de franges. Les bras et les poignets sont chargés de bracelets cylindriques, la main droite est ouverte et élevée en signe d'invocation, la gauche soutient une tige de pavot portant trois capsules. Dans la ceinture est fixé un poignard dont le manche seul est visible. Les yeux, les cheveux, la barbe, le diadème et les pavots sont peints.

Albâtre. — Haut. 2, 35.

On remarquera que la tige, chargée de trois capsules,

que plusieurs des personnages décrits ici tiennent à la main, offre une très grande analogie avec le type des plus anciens sicles hébraïques frappés à Jérusalem, type auquel une tradition antique attribue le nom de *verge fleurie d'Aaron.*

12. — Figure barbue, debout, l'oreille ornée d'un pendant, la tête couverte d'une tiare surmontée d'une fleur de lis et munie à la base d'une double paire de cornes de taureau; vêtue d'une tunique courte, très ornée de galons et de glands, sur laquelle passe une *stola* à franges; les pieds sont chaussés de sandales; la main droite est élevée en signe d'invocation; la gauche porte une tige de pavot à trois capsules; devant ce personnage sacerdotal se voit une plante du genre de l'agavé dont la hampe est chargée de rameaux fleuris et dont la base est garnie de larges feuilles qui se renversent et présentent l'aspect d'une fleur de lis.

Basalte. — Haut. 1, 14.

13. — Autre, presque semblable, mais sans plante sacrée; la tunique est beaucoup moins ornée; la barbe, les cheveux, le bandeau à rosaces et la tige de pavot sont peints.

Albâtre. — Haut. 0, 95.

14. — Autel circulaire, supporté par une base triangulaire figurant un trépied relié par des barres horizontales et monté sur des griffes de lion; sur le bord de la table règne une inscription cunéiforme contenant la formule royale.

Calcaire. — Haut. 0, 82.

LE ROI ET SES SERVITEURS.

15. — Le roi d'Assyrie debout, tourné à gauche, vêtu d'une tunique talaire brodée, en partie recouverte par une chasuble semée de rosaces et bordée de franges; sa barbe et ses cheveux sont frisés en petites boucles; l'oreille est ornée d'un pendant cruciforme; il est coiffé d'une tiare droite et très ouvragée, de laquelle pendent des fanons; de la main droite il tient un long sceptre et la gauche repose sur la garde d'une épée fixée horizontalement au-dessus de la hanche et dont le fourreau est terminé par deux lions affrontés.

La barbe, les cheveux, les yeux, la tiare, les fanons et la haste sont peints.

Albâtre. — Haut. 2, 88.

16. — Vis-à-vis du roi, un personnage barbu, debout, tourné à droite, la tête ceinte de bandelettes dont les extrémités tombent sur le dos, l'oreille ornée d'un pendant cruciforme; les bras et les poignets chargés de riches bracelets; il est vêtu d'une tunique talaire serrée autour des reins par une ceinture quadrillée; un large baudrier bordé de longues franges soutient une épée, sur la garde de laquelle repose la main gauche.

La barbe, les cheveux, les yeux et le diadème portent des traces de couleur.

Albâtre. — Haut. 2, 60.

Sur les ornements de couleur dont les Chaldéens s'entouraient la tête, voyez Ezéchiel, XXIII, 14 et 15 : « et elle vit des hommes représentés sur la muraille; les figures des Chaldéens représentés à l'aide du ciseau — le corps couvert d'ajustements variés, la tête ceinte d'ornements de couleur..... c'était l'image des fils des Chaldéens. »

17. — Figure presque entièrement semblable à la précédente ; elle est tournée à gauche, et la main droite est élevée en signe d'invocation. Le diadème est d'un rouge très vif.

Albâtre. — Haut. 2, 56.

18. — Deux grandes figures, l'une barbue, l'autre imberbe, tournées à gauche, chaussées de sandales, vêtues de longues tuniques garnies de franges par le bas et en partie recouvertes par une *stola* à grandes franges, entre lesquelles passe une épée transversale ; les baudriers, que le sculpteur avait négligé de tracer, ont été ajoutés en couleur rouge. Ces deux personnages ont les bras et les poignets ornés de bracelets et joignent les mains en signe d'attention et d'obéissance.

Albâtre. — Haut. 2, 83.

19. — Guerrier debout, tourné à gauche ; il est barbu, vêtu d'une courte tunique sans aucun ornement ; à ses bras et à ses poignets sont des anneaux cylindriques. Il porte une épée suspendue à un large baudrier brodé et peint en rouge ; un arc, terminé par deux têtes de cygne, est passé sur l'épaule gauche, qui supporte aussi un carquois. La main droite fermée est tendue en avant ; la gauche tient une masse d'arme à tête sphérique.

Les yeux et la barbe conservent des traces de couleur.

Albâtre. — Haut. 2, 78.

20. — Tête de guerrier. Les cheveux, courts, sont disposés en mèches tordues ; la barbe est courte et taillée en pointe. La coiffure paraît être formée d'une pièce d'étoffe qui laisse l'oreille à découvert.

Albâtre. — Haut. 0, 57. — Larg. 0, 50.

(*Acquis en 1850.*)

21. — Deux eunuques, tournés à gauche, les oreilles ornées de pendants cruciformes, vêtus de tuniques talaires garnies de franges, les bras et les poignets chargés de bracelets, les pieds chaussés de sandales; ils portent une table élégamment sculptée, montée sur des griffes de lion qui reposent sur des cônes renversés. Les yeux, les cheveux, les sandales, sont peints; on reconnaît sur les cheveux les traces de la peinture rouge qui figurait le bandeau, oublié par le sculpteur.

Albâtre. — Haut. 2, 50.

22. — Autre, ajusté comme les précédents, portant un siége du même style que la table.

Albâtre. — Haut. 2, 43.

23. — Autre, portant un vase de grande dimension.

Albâtre. — Haut. 2, 43.

24. — Autre, portant de chaque main un vase à boire dont l'anse est mobile et dont le fond représente une tête de lion.

Albâtre. — Haut. 2, 32.

L'usage de la table, du siége et du grand vase représentés dans les bas-reliefs nᵒˢ 21, 22 et 23 s'explique parfaitement à l'aide des scènes de repas dans lesquelles figurent des meubles semblables. Les personnages qui prennent part à ces banquets tiennent à la main des vases à tête de lion, pareils à ceux que porte l'eunuque du bas-relief n° 24. Ces vases ne pouvaient se poser sur la table : des serviteurs, debout derrière les convives, les tiennent préparés, ou vont les remplir en puisant dans une grande vasque. (Voyez Botta, *Monum. de Ninive*, pl. 64, 65, 76, 112, 113.)

25. — Deux eunuques, vêtus comme les précédents, portent un char léger et ouvert par devant, dont la flèche est terminée par une tête de cheval et le palonnier par deux têtes de lévrier ; le siége repose sur une figure de cheval et ses bras s'appuient sur trois petites figurines mitrées.

Albâtre. — Haut. 2, 06.

L'existence de ce siége royal, monté sur des roues, nous permet de comprendre un passage du prophète Daniel qui, d'obscur qu'il paraissait, devient une magnifique expression de la réalité. « Son trône était de flammes et ses roues de feu ardent. » On conçoit maintenant ce que signifient les *roues d'un trône*, et l'on admire dans ce verset l'image poétique d'un mouvement rapide.

26. — Buste d'eunuque tourné à droite ; les cheveux sont très longs ; l'oreille est ornée d'un pendant cruci-forme. L'œil et le sourcil conservent encore des traces de coloration.

Albâtre. — Haut. 0, 50. — Larg. 0, 46.

(*Acquis en* 1850.)

27. — Partie supérieure d'un édifice crénelé sur lequel on voit une figure imberbe assise sur un siége en X, et vêtue d'une longue tunique ; devant elle, deux personnages, dont le premier est barbu, se tiennent debout en faisant une offrande d'un objet de forme ovoïde. Trois lignes de caractères cunéiformes subsistent au-dessus.

Albâtre. — Haut. 0, 62.

28. — Figure barbue, tournée à gauche, vêtue d'une courte tunique très simple, de laquelle pend toutefois un ornement à franges; les bras et les poignets sont ornés de bracelets; elle conduit quatre chevaux marchant de front, retenus par des brides très ornées, munies d'un mors à barre et surmontées de houppes pyramidales à trois étages; des houppes suspendues à une bricole pendent sous le cou des chevaux, dont le poitrail est orné d'une bande brodée qui soutient deux rangs de franges.

Albâtre. — Haut. 2, 17.

29. — Deux soldats barbus, vêtus de courtes tuniques bordées d'un galon et retenues par une ceinture; les bras et les poignets ornés de bracelets, armés d'une épée soutenue par un baudrier brodé et peint en rouge, les pieds chaussés de sandales; ils portent un grand char de guerre ouvert par derrière et muni d'un timon à l'extrémité duquel est fixé un joug. La couleur des jambes et des sandales est encore très reconnaissable.

Une grande peinture de Thèbes, exécutée sous le règne de Thoutmès III, montre des Asiatiques nommés dans l'inscription hiéroglyphique *Rot-n-nou* (et qui sont peut-être des habitants de Résen, car leur ajustement est assyrien). Deux d'entre eux conduisent au roi des chevaux et un char au timon duquel est fixé un joug en tout semblable à celui qui se voit dans le bas-relief de Khorsabad.

Albâtre. — Haut. 2, 20.

30. — Tributaires conduisant des chevaux. Guerrier barbu, vêtu d'une courte tunique serrée par une ceinture à l'extrémité de laquelle pend une olive, les épaules couvertes d'une peau de lion, chaussé de

guêtres lacées sur le devant de la jambe et de patins
recourbés ; il tient sur la main gauche un modèle de
ville avec murailles crénelées (ou couronne murale)
et fait de la droite un geste de soumission ; un second
personnage, vêtu de la même manière et armé d'une
lance, conduit en laisse un cheval qui cache en partie
un troisième guerrier portant deux lances et se retournant vers un second cheval qu'il tient en laisse.
Derrière, marche un quatrième guerrier, vêtu comme
les précédents, excepté que la peau d'animal qui lui
couvre les épaules est celle d'un léopard ; il porte sur
la main gauche un modèle de ville et lève la droite en
signe de respect. La tête des chevaux est surmontée
d'une sorte de *crista* peinte en rouge ; leur poitrail est
orné de glands disposés en plusieurs rangées. Ces
glands, les brides et les bois de lances sont colorés
en rouge.

Au-dessus de ce bas-relief règne une inscription
composée de douze lignes de caractères cunéiformes.
On y reconnaît la légende royale et le nom de la
Médie.

Albâtre. — Haut. 1, 65. — Long. 3, 19.

Les quatre personnages qui figurent dans ce bas-relief ont
la chevelure disposée comme celle des rois de la Characène
dont les monnaies antiques ont conservé les portraits ; ils
appartiennent donc probablement aux peuples de la rive
droite du Tigre.

L'objet que portent sur la main deux des guerriers peut
être une couronne murale en métal précieux. On en portait
à Rome dans les triomphes (Tit. Liv., lib. XXXIV, 52 ; —
XXXVII, 58, 59 ; — XXXIX, 57, 29, 42 ; — XL, 16, 34, 43 ;
— XLV, 39). Les Carthaginois envoyèrent une couronne
d'or au sénat de Rome (Tit. Liv., lib. VII, 38).

Les bas-reliefs *peints* des Chaldéens sont mentionnés par
Ctésias, de rebus Assyriorum *apud Diod.*, II, 8 (4) — Cf.
Ezéchiel, ch. XXIII, 14, 15.

31. — Buste d'homme, tourné à gauche, tendant les mains

en signe de supplication. Les cheveux courts sont frisés par petites mèches et serrés par un bandeau. La
barbe est longue et carrée ; les épaules sont couvertes
d'une peau d'animal.

Albâtre. — Haut. 0, 43. — Larg. 0, 42.
(*Acquis en 1850.*)

32. — Buste d'homme analogue au précédent ; il est
tourné à droite et tient une lance dont la hampe est
peinte en rouge. La barbe est courte et arrondie.

Albâtre brûlé. — Haut. 0, 49. — Larg. 0, 33.
(*Acquis en 1850.*)

33. — Partie antérieure d'un cheval dont la tête et le poitrail sont richement ornés. On voit encore les mains
de deux hommes qui le conduisent par la bride ; l'une
de ces mains est armée d'une lance. Ce beau fragment
est remarquable par la couleur des ornements. Le
rouge est encore très distinct ; mais les glands bleus
ont presque entièrement perdu leur teinte.

Albâtre brûlé. — Haut. 0, 67. — Larg. 0, 49.
(*Acquis en 1849.*)

EXPÉDITIONS NAVALES.

34. — Deux forteresses, dont l'une, baignée par les eaux,
porte un petit personnage, tandis que l'autre, située
sur un rocher escarpé qui s'élève au-dessus des flots,
est surmontée d'une large grille ou herse. Huit navires
chargés de troncs d'arbres et qui en traînent d'autres à
la remorque se dirigent vers la gauche ; deux bâtiments

vides retournent à droite. Ces navires, qui présentent
le profil d'un cheval marin, sont manœuvrés par des
matelots et des rameurs. L'expédition est accompagnée par deux taureaux ailés, dont un à tête humaine,
et par le dieu Dagon, dont le torse est uni à un corps
de poisson; ce dieu porte sur la tête une tiare ornée
au sommet d'une fleur de lis, et à la base de deux
paires de cornes de taureau. On remarque au milieu
des flots, outre des poissons de diverses grandeurs,
des tortues, des serpents, des crabes dont l'un saisit
un poisson à l'aide de ses pinces. Des traces de peinture sont encore très sensibles en divers endroits,
bien que le bas-relief ait subi l'action du feu.

Albâtre brûlé. — Haut. 2, 93. — Larg. 4, 00.

Le nom de *Dagon*, dieu attribué aux Philistins (c'est-
à-dire aux Phéniciens) par la Bible, signifie, en hébreu,
poisson (Jug., XVI, 23; — I Rois, V, 27; — Paral., X,
10. — Machab., X, 84, et XI, 4). Les Babyloniens adoraient
un dieu semblable sous le nom d'*Oannès* (Voyez Berosi,
Chaldæor. Hist. quæ supersunt, éd. Richter, p. 48, sq.).

Voyez plus loin, sous le n° 458, la description d'un cylindre sur lequel sont gravées des barques semblables à celles
des bas-reliefs.

35. — Quatre navires chargés de troncs d'arbres, tournés
à gauche; les matelots sont occupés à descendre des
pièces de bois; deux barques vides s'en retournent;
à la gauche de cette composition se voit une figure du
dieu Dagon mitré, semblable à celle qui se trouve dans
le bas-relief n° 34; sur les eaux nagent des poissons,
deux tortues, deux crocodiles, un serpent de très
grande dimension, des crabes et deux murex ou coquilles à pourpre.

Plusieurs figures portent des restes de peinture.

Albâtre brûlé. — Haut. 2, 93. — Larg. 2, 30.

Sur la manière dont les Assyriens construisaient leurs barques, voyez Hérodote, lib. 1, chapitre cxciv, 2.

L'usage d'amener des troncs de cèdres du haut du Liban au bord de la mer, est indiqué par Esdras, iii, 7. Dans la réponse qu'Hiram, roi de Tyr, adresse à Salomon qui l'avait prié de faire couper des cèdres dans le Liban, il est dit : « Mes serviteurs les descendront du Liban vers la mer, et moi je les ferai porter dans des barques par mer jusqu'au lieu que tu m'indiqueras. » (III, Reg., v, 6, 8, 9.)

36. — L'action du feu a fort endommagé ce bas-relief; on y reconnaît cependant un rocher au premier plan, puis des matelots qui semblent tirer à terre des barques ou des pièces de bois; et, dans la partie supérieure de gauche, une série de troncs d'arbres arrangés en forme de train ou de jetée.

Albâtre brûlé. — Haut. 2, 92. — Larg. 2, 00.

37. — Rocher (la citadelle qui le surmontait a été brisée) au pied duquel sont rangés en forme de jetée de grands troncs d'arbres qui présentent à leur base des trous dans lesquels avaient été passées les cordes qui les attachaient aux navires (voir les bas-reliefs nos 34 et 35). Sur la droite, neuf hommes portent, à l'aide de cordes, une longue pièce de bois ou de métal qui se termine par une masse cylindrique, et qui paraît être la machine de guerre nommée bélier.

Albâtre brûlé. — Haut. 1, 80. — Larg. 2, 36.

Lors du siége de Tyr, Alexandre fit construire d'immenses jetées composées de troncs d'arbres. (Quint. Curt., iv, 12.)

BRIQUES.

38 à 42. — Cinq briques portant en caractères cunéi-

formes la légende royale de Sargon, disposée en
5 lignes séparées par des traits en creux.

0, 36 sur 0, 28 de côté.

Plusieurs briques portent des traces du bitume qui ser-
vait à les relier entre elles dans les constructions. (Voyez
Hérodote, liv. I, chap. 178 et 179. — Ctésias, de rebus Assyriorum, *apud Diod.*, II, 7, 4).

43. — Brique portant une inscription cunéiforme en
7 lignes, qui contient le nom et les titres de ⟨cunéiforme⟩
roi du pays d'Assour ⟨cunéiforme⟩.

0, 36 sur 0, 28 de côté.

44. — Autre; inscription en 4 lignes.

0, 44 de côté.

45. — Brique avec inscription en 3 lignes; petits caractères.

0, 36 sur 0, 28 de côté.

46. — Autre; 3 lignes de caractères.

Haut. 0, 15. — Long. 0, 32.

47. — Autre; 3 lignes de grands caractères.

𒈦𒂍𒅈𒈹 𒈦
𒍑𒄿𒌋 𒈦𒄿
𒈹𒂍𒅗 𒌍𒋫 𒈹𒄑

Haut. 0, 36 sur 0, 28 de côté.

Des briques semblables à celles qui sont classées ici sous les nᵒˢ 43 à 47 sont conservées au Musée Britannique, comme provenant de l'édifice de Karamlès, situé à une douzaine de kilomètres à l'E.-S.-E. de l'enceinte de Ninive. Cependant M. Botta a, dans le grand ouvrage publié par le gouvernement français, indiqué Khorsabad comme le lieu où ces briques ont été recueillies.

BRIQUES PEINTES.

Divers fragments de briques enduites d'une couverte émaillée.

48. — Fragment de tête avec boucle d'oreille cruciforme, comme celles du roi et de son ministre dans les bas-reliefs nᵒˢ 15 et 16. Cette peinture montre que les boucles d'oreilles étaient d'or et ornées d'une pierre précieuse.

49. — Pied d'homme et frange de la partie inférieure d'une robe.

50 à 55. — Fragments de figures portant à la main une

corbeille tressée; sujet semblable à celui des bas-reliefs nos **6, 8, 9.**

54. — Aile jaune et blanche sur un fond noir.

55. — Tête de cheval avec bride (voir les chevaux des bas-reliefs nos **28 et 30).**

56. — Tête de chèvre; jaune sur fond noir.

57 et 58. — Pieds de chèvre; blancs sur fond noir.

59. — Fragment d'inscription cunéiforme; caractères blancs sur fond gris.

60. — Autre fragment; caractères blancs sur fond vert à bordure jaune.

61 à 67. — Briques portant sur la tranche chacune deux lignes de caractères cunéiformes jaunes sur fond vert; on y remarque deux noms géographiques : celui de la Médie 𒌷𒈠𒁕𒀀𒀀 (qui se trouve aussi dans l'inscription du bas-relief no 30), et un nom incomplet qui paraît être celui des Amardi de l'Atropatène.

> Voyez ce que nous avons dit au sujet du groupe qui exprime le nom de la Médie, *Revue archéol.*, 1847, p. 505; *Journal asiatique*, 1847, p. 323, et la confirmation de notre lecture, *Revue archéol.*, 1850, p. 449.

68. — Fragment portant des rayures noires et blanches, traversées par une ligne jaune; émail très beau.

69. — Brique d'angle, émail bleu et jaune foncé, très dur et très brillant.

70 à 77. — Briques avec oves jaunes sur fond vert.

78 à 88. — Autres avec palmettes; jaune et bleu clair sur fond noir.

89. — Autres avec palmettes; jaune et blanc sur fond noir.

90 et 91. — Autres avec rosaces blanches et jaunes sur fond vert, émail brillant.

92 à 96. — Autres avec rosace blanche et jaune sur fond noir.

97. — Autre avec rosace jaune et verte sur fond noir.

98 à 107. — Bordures quadrillées, jaune, noir et blanc.

Plusieurs fragments montrent jointes à ces bordures des portions de franges qui donnent lieu de supposer que les briques sur lesquelles on trouve ces peintures ont fait partie d'une sorte de mosaïque représentant des figures revêtues de robes semblables à celles que l'on voit dans les bas-reliefs décrits précédemment.

108. — Brique ornée d'un dessin en échiquier.

L'ove, la palmette, la rosace et le quadrillé ou méandre, constituent le système complet d'ornementation adopté par les Grecs, à l'imitation des Assyriens. Voyez la palmette primitive sculptée au-dessus du bas-relief d'Agamemnon, placé dans la salle des marbres grecs. Quant à la rosace qui se retrouve si fréquemment dans la décoration des monuments assyriens de tout ordre, sur les tiares royales, dans la bordure des vêtements, sur les briques peintes, etc., motif qui s'observe également sur les monuments phéniciens d'Europe, d'Asie et d'Afrique, comme aussi dans les sculptures juives, en un mot dans tous les ouvrages d'art qui, de près ou de loin, relèvent du goût assyrien, il y a long-temps que M. Raoul-Rochette, se fondant sur l'examen d'un fragment découvert à Babylone, l'a signalée, tant dans ses cours publics que dans ses écrits, comme un détail d'origine évidemment asiatique et qui concourait, suivant le savant antiquaire, à démontrer à quelle source avaient puisé les artistes grecs et étrusques qui ont peint ces vases d'ancien style, où la même rosace est semée à profusion.

109. — Disque de terre émaillée; fond gris-violet décoré d'une rosace blanche à huit pétales, ayant au centre un cœur jaune en relief.

Diam. 0, 084.

(Collection Clot-Bey; acquis en 1852.)

Un fragment de brique émaillée à fond gris, avec une rosace blanche, a été rapportée de Babylone par l'abbé de Beauchamp. Nous avons décrit plus haut (nᵒ 59) une brique émaillée avec les mêmes couleurs et provenant de Khorsabad. Quant au disque nᵒ 109 et à tous ceux qui suivent, ils ont dû être employés à décorer les murailles des appartements dans lesquelles ils étaient incrustés, ainsi que l'indiquent les entailles pratiquées par derrière et destinées à faire adhérer le mortier. Les Arabes et les Persans ornent encore les parois de leurs édifices de plaques de faïence émaillée qu'ils nomment *zélaïdj*, mot dont les Espagnols ont fait *azulejos*.

Le bouton en relief placé au centre de tous nos disques ne permet pas de croire qu'ils aient été employés comme pavement. Une peinture de Thèbes, de l'époque du roi Thoutmès III, représente des peuples asiatiques vraisemblablement assyriens, qui apportent en présent au roi des vases sur lesquels sont figurées des rosaces semblables à celles qui décorent les disques émaillés décrits ici, objets qui, eux-mêmes, auront été transportés en Egypte, soit comme marchandises, soit pour acquitter des tributs.

110 à 119. — Dix autres disques de terre émaillée; même décoration.

Diam. 0, 042 à 0, 048.

120 à 181. — Soixante-deux autres disques; même décoration.

Diam. 0, 035 à 0, 038.

182 et **183.** — Deux autres; même décoration.

Diam. 0, 028.

184. — Disque de terre émaillée fond bleu entouré d'un cercle blanc et portant une rosace blanche à huit pétales avec un cœur rouge en relief.

Diam. 0, 021.

185. — Autre; fond bleu obscur et décoré d'une rosace bleu clair avec cœur jaune en relief.

Diam. 0, 043.

186. — Autre; fond bleu, rosace blanche légèrement teintée de bleu aux extrémités des pétales, par suite du *coulé* de l'émail.

Diam. 0, 043.

187 à **203.** — Dix-sept disques de terre émaillée, décorés de quatre segments de couleur blanche, se détachant sur un fond gris-violet chargé d'une rosace blanche à huit pétales avec cœur jaune en relief.

Diam. 0, 050 à 0, 055.

204. — Ove de terre émaillée en jaune; une cavité actuellement vide, et en forme de cône de pin, est émaillée en blanc; à la base, deux petites rosaces blanches à huit pétales se détachant sur un fond gris-violet.

Long. 0, 059.

COULEURS.

205. — Divers morceaux de couleur bleue recueillis par M. Botta dans les fouilles de Khorsabad, et petits fragments de briques recouverts d'un épais enduit de la même couleur.

A la 25e ligne de la belle inscription hiéroglyphique de Karnac, gravée en l'année 29e du règne de Thoutmès III (XVIIIe dynastie), on trouve mentionnés des lingots de bleu (Khesbet) de Babylone, fournis en tribut par le chef de Singara de Mésopotamie.

Cette inscription fait partie des collections du Louvre. (Voy. Emm. de Rougé, *Notice de la galerie égyptienne*, C., n° 51).

206. — Dix-huit fragments irréguliers de couleur verte.

207. — Vingt-sept petits fragments irréguliers de couleur bleue.

208. — Deux perles plates en pâte bleue, percées en sens horizontal.

Ces divers fragments, inscrits sous les n°s 206 à 208, ont été trouvés le 17 février 1852, par M. V. Place, consul de France à Moussoul, dans les fondations du palais de Khorsabad.

209. — Neuf fragments de pâte bleue, vitrifiée. Deux pains de couleur bleue, en forme de pyramide.

(Fouilles de 1852.)

210. — Fragments de pâte bleue vitrifiée. Cercle de verre brun en forme de torsade.

(Fouilles de 1852.)

BRONZES.

211. — Lion couché, sur le dos duquel s'élève un grand anneau; il a été trouvé scellé dans le sol, près d'une porte du palais de Khorsabad.

Bronze. — Long. 0, 41.

Cette admirable figure, un des plus beaux ouvrages que l'antiquité nous ait légués, paraît n'avoir eu d'autre destination que de servir de base et de décoration à l'anneau qu'il supporte; anneau auquel on attachait probablement l'extrémité d'une corde à l'aide de laquelle on hissait un voile au-dessus de la porte. Ce lion n'était pas mobile; à sa partie inférieure existe un goujon de scellement. Il ne doit donc pas être confondu avec d'autres lions de bronze trouvés récemment à Némrôd, et sur lesquels on voit des inscriptions en caractères cunéiformes et en caractères phéniciens. On pense que ces monuments ont servi comme poids. Quant au lion de Khorsabad, il appartenait bien certainement au système général des portes; car à chacune d'elles on a retrouvé les pierres de scellement où des figures pareilles avaient été fixées.

212. — Grand bracelet de bronze; il n'est pas entièrement fermé, et les deux extrémités qui se rapprochent, sont ornées de têtes d'animal (taureau).

Diam. 0, 13.

L'origine première de ce bracelet rapporté par Salt, est ignorée; avant la découverte de Khorsabad, il avait été considéré comme un ouvrage égyptien. Aujourd'hui que l'art assyrien est bien connu, on ne peut pas hésiter à restituer à ce bracelet sa véritable patrie. Il suffit de le rapprocher de l'ornement qui ceint les poignets de la figure colossale décrite plus haut sous le n° 5. L'identité de style est complète.

213. — Tête de jeune taureau ou de génisse trouvée à Khorsabad; elle est creuse et a servi a décorer le devant d'un siége, ainsi que le prouvent de nombreux bas-reliefs de Khorsabad. (Voy. Botta, *Monum. de Ninive*, pl. 58, 62, 63, 64, 112, 113.)

Bronze. — Long. 0, 85.

Suivant les traditions perses conservées par Firdousi, le trône du héros Afrasiab avait des pieds en forme de têtes de buffle. (V. Jules Mohl, *Schahnameh*, t. II, p. 311). La connaissance des monuments assyriens nous permet de supposer que les pieds du trône d'Afrasiab étaient ornés de têtes de buffle à leur partie supérieure.

214. — Tête de femme; les cheveux sont retenus par une bandelette en torsade.

Bronze. — Haut. 0, 032.

(*Donné par M. Fonfride, décembre 1851.*)

215. — Figurine de femme entièrement nue, la tête ornée de tresses et ceinte d'un bandeau, les jambes serrées l'une contre l'autre; de la main gauche elle presse contre sa poitrine un vase à long col semblable à celui des statues du roi Sargon. (Voir la description du n° 283.)

Haut. 0, 17.

(*Fouilles de 1852.*)

216 et 217. — Deux têtes d'antilopes travaillées au repoussé; les cornes et les oreilles sont couchées sur le cou.

Long. 0, 136.

(*Fouilles de 1852.*)

218. — Ibex à longues cornes couchées.

Haut. 0, 045.

(*Fouilles de 1852.*)

219. — Une très petite figure de bélier.

(*Fouilles de 1852.*)

220. — Lame de bronze très mince, travaillée au repoussé et portant des restes de dorure; elle est en forme de quadrilatère dont le côté supérieur est quatre fois plus large que le côté inférieur; les deux autres côtés sont échancrés circulairement. Une frise qui occupe le tiers de la hauteur représente un taureau dévoré par un lion et une lionne, et une antilope attaquée par un tigre; le champ est rempli par des fleurs de lotus. Au-dessous, est placé un groupe composé d'un griffon ailé, la tête surmontée de trois aigrettes, déchirant à l'aide de son bec le dos d'un lion à épaisse crinière; ce combat a lieu sur le cadavre d'une antilope. La partie inférieure de la plaque de bronze porte une plante à feuilles recourbées (agavé?) entre lesquelles s'élèvent deux fleurs. Ces sujets sont encadrés par une bordure composée d'une tresse. Le bord de la plaque est percé de trous fins et très rapprochés qui ont servi à la fixer à l'aide de fil.

> Haut. 0, 122.
>
> (*Collection Salt.*)

Cette plaque, en raison de sa forme et de son peu d'épaisseur, peut être considérée comme ayant été employée dans la décoration de vêtements d'apparat, ainsi que l'indiquent les bas-reliefs de Némrôd. (Voy. Layard, *The Monum. of Ninevèh,* pl. 6, 8, 9, 43 à 49, et, en particulier, les bordures de vêtements qui représentent des griffons dévorant une antilope, pl. 43 et 46). Le griffon ailé placé au-dessus d'une plante se trouve aussi dans une tablette d'ivoire recueillie à Némrôd (Layard, *loc. laud.*, pl. 90).

221. — Grands fragments d'une frise composée de lames de bronze travaillées au repoussé et représentant, entre deux bordures ornées d'astères régulièrement espacés, des lions, des taureaux, une antilope au-dessus de laquelle est un grand astre, alternant avec des personnages en costume sacerdotal.

> Haut. de la frise : 0, 236.
>
> (*Fouilles de* 1852.)

Cette frise décorait une des salles du palais de Khorsabad ; elle était fixée sur le mur à l'aide de clous dont un subsiste encore ; on se rappelle que le trésor d'Atrée à Mycènes était orné de la même manière, ainsi que d'autres édifices appartenant à l'âge le plus ancien de l'histoire des Grecs.

222. — Deux grands fragments de feuilles de bronze ornées d'écailles travaillées au repoussé et imitant l'écorce du palmier.

Long. 0, 35 et 0, 40.

(*Fouilles de* 1852.)

223. — Casque conique très mutilé ; il est travaillé au repoussé et l'on n'y aperçoit pas de traces de soudure.

Haut. 0, 28.

(*Fouilles de* 1852.)

224. — Portion de cercle, plat et large de 46 millimètres ; plusieurs traces d'attaches à l'intérieur pourraient faire prendre cet objet pour une demi-roue ; son peu d'épaisseur exclut cette supposition. Ce fragment appartient vraisemblablement à une de ces enseignes militaires qui paraissent dans les bas-reliefs de Khorsabad et de Némrôd. (Voy. Botta, *Monument de Ninive*, pl. 57, 158, 159 ; et Layard, *Monuments of Ninevoh*, pl. 14, 22, 27.)

Bronze. — Diam. 0, 29.

225. — Anneau monté sur une tige entourée de bourrelets destinés à la fixer dans un scellement ; trouvé à Khorsabad.

Bronze. — Long. 0, 225.

Il était fixé dans la muraille d'une des portes, au-dessus du lion de bronze décrit sous le n° 211.

226. — Rondelle montée sur une tige semblable, trouvée à Khorsabad.

Bronze. — Long. 0, 085.

227. — Clou ou cheville à tête, trouvé à Khorsabad.

Bronze. — Long. 0, 098.

228 à 235. — Huit pointes de flèches, trouvées à Khorsabad.

Bronze.

236 et 237. — Deux croissants avec tige qui paraissent avoir servi à armer l'extrémité de flèches ; trouvés à Khorsabad.

Bronze.

Les flèches égyptiennes sont faites de roseaux, à l'extrémité desquels on a enté des pointes semblables à celles qui sont décrites sous les nos 228 et suivants.

238 et 239. — Deux très petits anneaux, dont l'un porte un chaton hémisphérique.

Bronze.

Trouvés le 17 février 1852 dans les fondations du palais de Khorsabad, par M. V. Place, consul de France.

240. — Une clochette avec anneau à sa partie supérieure.

Haut. 0, 05.

241. — Cinq grands anneaux avec tiges de scellement.

Diamèt. 0, 10 et 0, 11.

242. — Sept autres de petites dimensions.

Diamèt. de 0, 03 à 0, 06.

243. — Un grand sabot de gond de porte.

Larg. 0, 14.

244. — Sept chevilles de bronze, à quatre pans.

Long. moyenne : 0, 10.

245. — Quinze clous à large tête.

246 — Crochet-patère monté sur une tige de scellement.

Long. 0, 11.

247. — Rondelle munie au centre d'un anneau et montée sur une tige de scellement.

Long. 0, 155.

248. — Autre dont la tige est brisée.

249. — Bande de cuivre courbée en fer à cheval et contenant entre ses branches une roulette de poulie.

Cinq objets semblables plus ou moins fragmentés.

250. — Treize gros boutons de cuivre en forme de disque, avec un centre hémisphérique. A l'intérieur, une attache ou queue.

251. — Cinq autres dont les bords sont percés de quatre petits trous destinés à passer des fils de couture.

252. — Un autre en forme de rouelle évidée au centre, percée également de quatre petits trous.

253. — Un clou de bronze à tête hémisphérique.

254. — Une pointe de lance, bronze.

> Long. 0, 125.
>
> *(Fouilles de Tell-Guirgor, 1852.)*

255. — Une aiguille dont les deux extrémités sont recourbées en crochets en sens opposé.

> *(Fouilles de Tell-Guirgor, 1852.)*

256. — Trois anneaux de bronze et plusieurs fragments de même métal.

Ces anneaux ne sont pas complétement fermés.

> Diamèt. 0, 05 et 0, 04.
>
> *(Fouilles de Tell-Guirgor, 1852.)*

257. — Trois petits anneaux en torsade; les extrémités sont croisées et non soudées.

> Diamèt. 0, 02.
>
> *(Fouilles de Tell-Guirgor, 1852.)*

---

258. — Feuille d'or mince; la partie supérieure qui est déchirée conserve encore deux rangs d'écailles repoussées en creux. A la partie inférieure qui est coupée droit, on voit une rangée de caractères cunéiformes très espacés.

> Long. 0, 46.

259. — Deux queues d'aronde de plomb ayant servi à assembler des pierres.

> Long. 0, 15 et 0, 17.

260. — Une aiguille d'argent, à tête sphérique cannelée.

Vers le centre, cette aiguille est percée d'un trou oblong qui paraît avoir été destiné à recevoir une autre aiguille ou clavette.

Long. 0, 125.

(*Fouilles de 1852.*)

261. — Autre de bronze tout à fait semblable pour la forme, mais de plus grande dimension.

Long. 0,18.

(*Fouilles de 1852.*)

PETITS MONUMENTS D'ARGILE, DE TERRE ÉMAILLÉE, etc.

262. — Figurine barbue, vêtue d'une longue robe, coiffée d'une tiare ornée de deux paires de cornes de taureau; elle a été entièrement peinte en bleu.

Argile. — Haut. 0, 23.

263 et 264. — Deux figurines barbues, la tête nue, les cheveux disposés en gros flocons, le buste de face et les pieds tournés à droite; elles sont vêtues d'une courte tunique et tiennent des deux mains une grosse hampe ou sceptre.

Argile. — Haut. 0, 24.

265 à 267. — Fragments de figurines semblables à la précédente.

268. — Figurine composée d'un torse humain avec une tête et des pattes de lion.

Argile. — Haut. 0, 20.

269. — Tête de lionne entr'ouvrant la gueule. Au bas du cou, on voit quelques restes d'une rangée de perles en relief, colorées alternativement en vert et en jaune. Ce beau fragment paraît avoir appartenu à une statuette analogue à celle qui précède.

> Terre émaillée en vert-bleu. — Haut. 0, 06.
>
> *(Collection Clot-Bey; acquis en 1852.)*

270. — Fragments d'un quadrupède (taureau?).

> Argile.

Toutes ces figures d'argile, décrites jusqu'ici, à l'exception du n° 269, qui est émaillé et qui provient d'Égypte, ont été trouvées dans les fouilles de Khorsabad, et ont été découvertes sous le pavé de brique des portes de l'édifice.

271. — Tête de bélier.

> Terre cuite. — Long. 0, 048.
>
> *(Acquis en 1850)*

272. — Sceau de terre. Le roi Sargon, debout, tourné à gauche, coiffé d'une tiare, enfonce son épée dans le corps d'un lion dressé devant lui et qu'il a saisi par le sommet de la crinière. Sur la tranche on voit l'inscription ⟨𒀭⟩ imprimée en creux.

> Haut. 0, 050. — Larg. 0, 038.
>
> Trouvé à Khorsabad.
>
> *(Acquis en 1849.)*

273 et 274. — Sceau entier et fragment du sceau d'argile maniée et non cuite; l'empreinte représente le sujet décrit sous le numéro précédent. La légende cunéiforme est brisée et réduite à deux caractères; le fragment paraît avoir été fixé sur le col d'un vase. Il porte au revers l'empreinte d'un objet cylindrique avec une moulure.

Trouvés à Khorsabad.

Relativement à l'usage d'apposer des sceaux sur les portes, voyez Daniel, XII, 10, 13, 16. Lorsque le roi Cyrus veut s'assurer de la ruse des prêtres de Bel, il appose sur la porte du temple l'empreinte de son sceau. — (Hérodote, lib. II, 121) Rhampsinite, roi d'Egypte, ne sait qui accuser du vol commis dans son trésor, parce que les *sceaux* n'ont point été rompus. Il existe dans la collection égyptienne du Louvre plusieurs empreintes de cachets sur terre non cuite.

275. — Fragment de terre cuite; surface légèrement courbe, chargée d'une inscription cunéiforme, divisée en deux parties par une barre. La première partie, dont neuf lignes subsistent, est composée de petits caractères. La seconde se compose de cinq lignes de caractères d'une hauteur double. Cette terre cuite était opisthographe; on voit encore au revers quelques traces de la première ligne de caractères.

Haut. 0, 060. — Larg. 0, 065.

(*Acquis en* 1849.)

Les caractères qui se voient sur ce fragment sont très serrés, et ont une forme particulière à ces sortes d'inscriptions sur terre cuite. Ces caractères paraissent avoir été imprimés, non pas à l'aide d'une planche comme les légendes royales des briques, mais avec un poinçon qui était posé obliquement sur la terre encore molle.

276. — Fragment de prisme hexagone; deux fractions d'inscriptions cunéiformes, séparées par une arête du prisme, et composées l'une de huit lignes, l'autre de treize lignes de caractères.

Terre cuite. — Haut. 0, 04. — Larg. 0, 06.

(*Acquis en* 1849.)

On a trouvé sur plusieurs points de l'Assyrie des fragments plus ou moins considérables de prismes à six faces.

L'un de ces prismes, qui avait été acquis par le colonel Taylor, consul d'Angleterre à Bagdad, ne présente pas moins de quatre-vingt-trois lignes de caractères sur chacune de ses faces. Ce long texte historique est divisé par chapitres, qu'indiquent des lignes horizontales tracées en creux dans la terre.

277. — Baril de terre cuite creux et percé aux deux extrémités : il est à dix pans et chargé de soixante-sept lignes de caractères cunéiformes imprimés en creux. L'inscription commence par le nom de Sargon.

Haut. 0, 23.

(*Khorsabad, fouilles de 1852.*)

278. — Quadrilatère de terre cuite portant soixante-une lignes de caractères cunéiformes, imprimées en creux et divisées en six paragraphes.

Long. 0,0115.

(*Khorsabad, fouilles de 1852.*)

279. — Deux personnages dont l'un, posé de face et fortement barbu, lève le bras droit; l'autre, dont la tête est brisée, tient une arme de chaque main. Au-dessus de ces figures, on voit un soleil, une tiare, un globe ailé avec une queue d'oiseau et l'orbe lunaire. Au-dessus encore apparaissent les griffes d'un animal ailé, dont le corps est sculpté au revers du premier bas-relief.

Haut. 0, 06. — Larg. 0, 075.

(*Acquis en 1850.*)

280. — Tête d'homme barbue, tournée à gauche, fragment d'un bas-relief analogue à ceux qui sont décrits plus haut sous les n°s 34 et 35.

Albâtre. — Haut. 0, 10.

Ce fragment, trouvé à Khorsabad, a été acquis en 1850.

281. — Buste de femme. La robe à petits plis est recouverte d'un peplum également plissé qui se croise sur la poitrine. Les cheveux relevés derrière la tête sont fixés par un bandeau. Un archer tiré d'un fragment de Koyoundjek a les cheveux relevés de la même manière. (V. Layard, *Nineveh and its remains*, t. II, p. 338.)

Calcaire dur. — Haut. 0, 07.

(Acquis en décembre 1849.)

On trouve des figures de femmes dans plusieurs bas-reliefs assyriens, notamment dans plusieurs scènes sculptées à Khorsabad. (V. Botta, *Mon. de Ninive*, pl. 50.) Il s'en est rencontré aussi à Némrôd et à Koyoundjek. (V. Layard, *The Monum. of Nineveh*, pl. 58, 66, 71, 83.) Un cylindre assyrien du Musée Britannique, provenant de la collection de feu M. Stuart, représente deux femmes, dont l'une assise tenant un enfant nu sur ses genoux, et qui toutes deux ont les cheveux disposés comme ceux du buste décrit sous le n° 281.

282. — Vase de forme ovoïde avec un pied en forme de piédouche. Le panse est décorée extérieurement de bandes brunes sur lesquelles sont peints en blanc des chevrons et des triangles semés de points.

Terre blanche. Haut. — 0, 12.

(Trouvé à Djigan, 1852.)

283. — Vase en forme de bulbe, à long col. La panse est percée à son extrémité inférieure d'un trou circulaire, pratiqué avant la cuisson.

Terre blanchâtre. — Haut. 0, 19.

(Khorsabad, fouilles de 1852.)

C'est là la forme du vase qui se voit entre les mains du personnage dont M. Place a trouvé à Khorsabad plusieurs statues de ronde-bosse; vase que tient aussi la figurine de femme décrite plus haut sous le n° 215.

284. — Coupe hémisphérique avec goulot. Terre blanche

enduite d'une couverte émaillée; l'intérieur est jaune le dessous est décoré d'une rosace à huit pétales blanches et jaunes avec une bordure noire.

Diamèt. 0, 093.

285. — Autre sans goulot; l'intérieur est blanc; l'extérieur est décoré d'une rosace à huit pétales blanches et noires.

Diamèt. 0, 095.

286. — Fragment de vase à fond conique, trouvé à Khorsabad.

Terre cuite.

287. — Tête de lion; la crinière est composée de petites boucles rangées symétriquement et roulées à leur extrémité, comme celles qui se remarquent sur le corps des grands taureaux. (Voy. plus haut les nos 1 et 2.)

Terre émaillée en vert clair. — Long. 0, 065.

(*Collection Clot-Bey; acquis en* 1852.)

Ce fragment est un des morceaux les plus parfaits de l'art antique.

288. — Autre tête de lion, la gueule béante. La crinière est formée de mèches analogues à celles qui couvrent le cou du lion de bronze décrit sous le n° 211.

Terre émaillée en vert. — Long. 0, 055.

(*Collection Clot-Bey; acquis en* 1852.)

289. — Tête de lion, la gueule béante; les yeux et les détails de la crinière sont émaillés en bleu.

Terre émaillée en vert. — Long. 0, 06.

(*Musée Charles X.*)

290. — Partie antérieure d'un lion étendant en avant ses deux pattes, entre lesquelles est placé un goulot. Cette figure a décoré un vase.

> Terre émaillée en vert foncé. — Long. 0, 064.
>
> (*Collection Clot-Bey; acquis en 1852.*)

291. — Chèvre couchée ; pâte blanche enduite d'un couverte bleue.

> Long. 0, 082.
>
> (*Khorsabad, fouilles de 1852.*)

292. — Figurine très-grossièrement modelée, offrant beaucoup d'analogie avec les figures trouvées à Tyr et décrites plus loin sous les n°ˢ 584 et suiv.

> Haut. 0, 09.
>
> (*Fouilles de 1852.*)

293. — Bélier grossièrement modelé.

> Long. 0,19.
>
> (*Fouilles de 1852.*)

294. — Quatre pièces d'émail bleu, de deux centimètres d'épaisseur, moulées à part, et se rapportant pour former un cercle de vingt-cinq centimètres de diamètre. La partie supérieure de ces morceaux, taillés en biseau par dessous, est bombée. Des trous régulièrement percés donnent passage à des fiches de cuivre. L'une de ces fiches, bien conservée, forme un anneau oblong à sa partie supérieure, et présente sous le morceau d'émail une pointe de deux centimètres.

COLLIERS DE PIERRES DURES.

295. — Collier composé de trente et une pierres percées, telles que cornalines, jaspes rouge et jaune, sardoine brune, taillées en perles, en cylindres, en médaillons, en barils. L'une de ces pierres représente un canard couché. Une trente-deuxième pierre, fendue dans le sens de la longueur, n'a pu être replacée dans le collier.

Ce collier, ainsi que les autres décrits à la suite, a été trouvé, le 17 février 1852, par M. Victor Place, consul de France à Moussoul, dans les fondations du palais de Khorsabad. Les colliers étaient déposés dans une couche de sable fin, et l'on pourrait reconnaître dans ce fait une illustration d'un passage de l'Ecriture (III, *Reg.* VI, 17) où il est dit que Salomon fit placer des pierres précieuses dans les fondations du Temple. Quant aux colliers en eux-mêmes, il est certain que parmi les Assyriens les hommes en portaient qui, comme ceux qui sont classés ici, étaient composés de pierres taillées en olive ou en cylindre alternant avec des grains plus ou moins sphériques : c'est ce que démontrent les bas-reliefs de Némrôd. (Voyez Layard, *The Monuments of Nineveh*, in-f°, pl. 5, 7, 25, 34, 37, 41, etc.) Dans le collier n° 295, figure une pierre taillée en forme de canard qui se retourne en allongeant sa tête sur son dos. Des figurines semblables, en terre cuite, ont été trouvées à Némrôd. (Voyez Layard, *loc. laud.*, pl. 95 *a*, nos 11 et 17.)

On a trouvé en Egypte des colliers semblables, et le Musée en possède plusieurs; ils sont vraisemblablement de fabrique assyrienne, ainsi que l'indique une peinture de Thèbes du temps de Thoutmès III, dans laquelle on voit un peuple asiatique qui apporte au roi, entre autres présents, des colliers composés de grains oblongs alternant avec de petits grains ronds.

296. — Autre collier composé de vingt-sept pierres, cornalines, jaspes, cristal, etc. Au centre, une grande sardoine grise en forme de baril très allongé. Plus un fragment de cornaline non percé trouvé avec les autres pierres.

297. — Autre collier formé de dix-neuf pierres, cornalines, jaspe rose, marbre, sardoine blanche et rubanée. La pierre de centre est en forme d'olive légèrement aplatie.

298. — Autre collier composé de vingt-deux pierres, cornalines, améthyste, jaspe rouge et sardoine brune rubanée, taillées en forme de perles, de cylindres et d'olives aplaties. Plus un pendant de cornaline en forme de vase, un fragment irrégulier de cornaline et une petite lame d'obsidienne.

299. — Collier composé de quinze cylindres, lapis lazuli agate, jaspe de diverses couleurs, sardoine et pâte.

300. — Bague de cornaline brune de vingt-cinq millimètres de diamètre.

301. — Collier composé de cent un grains de cornaline, plus un grain de lapis lazuli et un grain de sardoine.

302. — Collier composé de cent vingt-quatre grains très petits, cornaline, lapis lazuli, grenat, améthyste, pâte de verre jaune, sardoine ; au centre, deux pendants coniques, l'un de cornaline, l'autre de lapis.

303. — Collier composé de quarante-six pierres taillées en forme de barillets, cornalines, lapis lazuli, améthyste, sardoine, jaspe, pâte bleue. Au centre, une pierre percée en travers, imitant un noyau de datte.

304. — Autre de trente-cinq pierres, cornaline, sardoine, jaspe, malachite, etc.

305. — Collier de vingt-huit pierres taillées en barillets, cornaline, jaspe et sardoine.

306. — Autre de vingt-deux pierres de même nature.

307. — Autre de trente-une pierres de même nature. Au centre une olive de sardoine blonde.

308. — Bracelet composé de onze pierres, sardoines, jaspe et cornaline, taillées en barillets et en olives.

309. — Bracelet composé de vingt-huit grains de cornaline rouge.

310. — Autre de trente-huit grains, dont deux en forme de baril.

311. — Autre de dix-neuf grains, cornaline et sardoine rubanée, la plupart en forme de baril.

312. — Autre de trente-deux grains de cornaline rouge.

313. — Autre composé de quarante-deux petits grains de cornaline.

314. — Autre de dix-huit grains de cornaline et sardoine brune, gros au centre et diminuant progressivement vers les extrémités du bracelet.

315. — Autre composé de douze barillets de cornaline. Au centre, une pierre carrée et plate.

316. — Autre de treize barillets de cornaline et de sardoine brune. Au centre, une pierre carrée.

517. — Collier composé de trente-trois grains de cornaline.

518. — Autre composé de treize barillets de cornaline et de jaspe. Au centre, un petit cylindre.

519. — Autre de vingt-cinq grains de cornaline. Au centre une cornaline plate taillée à facettes.

520. — Autre composé de trente-six grains de cornaline et de deux barillets.

521. — Collier composé de quarante-trois pierres taillées en grains, en cylindres et en barillets. Lapis lazuli, jaspe jaune et rouge, etc.: au centre, un petit médaillon plat de lapis lazuli.

522. — Bracelet composé de treize barillets et cylindres de jaspe de diverses couleurs. Au centre un pendant de jaspe noir et blanc.

525. — Autre très grand, composé de dix-sept pierres, jaspe et sardoines taillées en barillets. Au centre un grain de sardoine brune.

524. — Autre de dix-sept pierres; grains sphériques ou aplatis, cylindres, barillets de jaspe de diverses couleurs.

525. — Autre de treize pierres taillées en cylindres et en barillets; jaspe de diverses couleurs. Au centre, une plaque carrée d'albâtre oriental.

326. — Collier de dix-huit pierres; jaspe de diverses couleurs, barillets et grains de diverses formes.

327. — Sept pierres taillées en grains et en barils, agates et cristal de roche.

328. — Pendant d'oreille? composé de dix pierres, cornaline, jaspe, lapis lazuli, taillées en forme de barillets, de vases, de bulle, de hachette, de grains d'orge.

329. — Bracelet composé de quinze pierres, sardoines blanches et rubanées. Au centre, un morceau de jade.

330. — Pendant d'oreille? de douze pierres, sardoine blanche et améthyste en forme de grains et de barillets. Au centre un pendant de cristal de roche.

331. — Pendant d'oreille? composé de huit gros grains de sardoine brune.

332. — Collier composé de vingt-deux cylindres de cornaline d'un très petit diamètre, à l'exception des deux pierres du centre qui sont d'une grosseur double.

333. — Pendant d'oreille? composé d'un cylindre et de barillets de sardoine rubanée et d'un grain de grenat.

334. — Autre de huit pierres, sardoines et agates, parmi lesquelles on remarque une hélice fossile agatisée, plus un grain de grenat.

335. — Bracelet de treize pierres, cylindres et barillets de sardoine et de jaspe.

356. — Pendant d'oreille ? de six pierres, sardoine rubanée et agate. Au centre, un médaillon plat circulaire.

357. — Collier de vingt-cinq pierres, cornaline, lapis lazuli, sardoine et malachite, taillées en cylindres d'un très petit diamètre.

358. — Pendant d'oreille composé de dix-sept pierres, cornaline et lapis lazuli, taillées en cylindres et en rouelles.

359 — Bracelet composé de trente-quatre grains de cornaline.

340. — Autre de trente-un grains de cornaline et de sardoine.

341. — Pendant d'oreille ? de douze pierres, cornaline, jaspe, sardoine.

342. — Autre de huit pierres taillées en cylindres, olives et grains, jaspe et sardoine.

343. — Bracelet de dix pierres, cornaline, jaspe, sardoine, taillées en olives aplaties. Au centre, une grande plaque quadrilatère d'agate rubanée.

344. — Collier de trente-sept pierres, cornaline, sardoine, agate, améthyste, taillées en cylindres, en olives, en grains.

345. — Collier composé de vingt-deux grains en forme de

cylindres, d'olives et de rouelles. Jaspe, lapis lazuli, pâte bleue et sardoine. Deux pendants de lapis en forme de hachettes.

346. — Bracelet de trente-cinq grains de pâte de verre.

347. — Autre de vingt-huit grains de pâte de verre, blanche, jaune et bleue. Un pendant de lapis lazuli.

348. — Pendant d'oreille ? composé de sept grains, de deux cylindres et d'une rouelle de lapis lazuli.

349. — Autre composé de cylindres et de rouelles.

350. — Autre composé d'un cylindre de pâte verte et de cinq pierres, dont deux grandes rouelles de matière grise très grossière.

351. — Bracelet composé de douze pierres taillées en barillets et en olives aplaties, jaspe de diverses couleurs et malachite. Au centre, un pendant de jaspe jaune et rouge.

352. — Autre de treize pierres, jaspe de diverses couleurs en forme d'olives et de rondelles assez grossièrement taillées.

353. — Autre de vingt-un grains, jaspe, lapis lazuli, malachite. Au centre, un médaillon de jaspe rouge brun en forme d'olive aplatie.

354. — Autre de treize pierres grossièrement taillées; au centre, une rondelle de marbre gris.

355. — Bracelet de onze pierres grossièrement taillées; au centre, un pendant de rouge antique en forme de pyramide tronquée.

356. — Autre de neuf pierres en forme d'olives grossièrement taillées et plus ou moins aplaties.

357. — Bracelet ? composé de quinze grains de cornaline très gros au centre et diminuant progressivement vers les extrémités.

358. — Autre de vingt-un grains.

359. — Autre de vingt-trois grains.

360. — Autre de vingt grains.

361. — Bracelet de quarante-un grains de cornaline.

362. — Autre de trente-un grains, dont quelques-uns de jaspe.

363. — Pendant d'oreille composé de sept pierres, cornaline, jaspe et sardoine.

364. — Autre de neuf pierres, cornaline, sardoine et grenat.

365. — Autre de six pierres, cornaline et agate.

366. — Autre de huit pierres, cornaline, sardoine, quartz enfumé et un grain cubique de mica.

367. — Pendant d'oreille composé de cinq pierres, agate et sardoine. La pierre du centre est hémisphérique.

368. — Autre de quatre pierres. Au centre, un pendant de sardoine blonde en forme de cœur.

369. — Pendant d'oreille composé de cinq pierres, taillées en olives, en médaillons plats ou en quadrilatère. Sardoine blanche et rubanée. Au centre, un grand pendant ovale.

370. — Autre composé de deux cylindres, d'un barillet et d'une pierre irrégulière, sardoine blanche, blonde et rubanée.

371. — Autre de cinq pierres, un grand cylindre et des médaillons aplatis. Sardoine blanche et blonde.

372. — Bracelet composé de quinze pierres taillées en forme d'olive et de barillet; au centre, un grain presque sphérique. Sardoine blanche, blonde, et cornaline.

373. — Autre de quatorze pierres taillées en forme de barillets et d'olive: sardoine blanche, blonde et rubanée. Au centre, un pendant de sardoine saphirine.

374. — Autre de treize pierres taillées en grains, en médaillons aplatis et en olive. Sardoine blonde, agate et quartz blanc.

375. — Pendant d'oreille composé de cinq gros grains de sardoine brune et grise.

576. — Pendant d'oreille composé de six grains de sardoine rubanée et brune, et d'agate.

577. — Autre de cinq grains de sardoine, de cornaline et de jaspe.

578. — Autre de cinq grains de sardoine.

379. — Autre de cinq grains de sardoine rubanée, et d'agate.

580. — Autre de six grains de sardoine et de jaspe.

FIGURINES, ORNEMENTS, USTENSILES D'IVOIRE, D'ÉBÈNE, ETC. (PROVENANCES DIVERSES.)

381. — Figure d'homme vêtu d'une tunique serrée à la taille par une ceinture et décorée par le bas d'une bordure composée de rosaces à huit pétales et de croix de Saint-André séparées des rosaces par un double trait. Un poignard dans sa gaîne est passé dans la ceinture. Une bandelette nouée vers la nuque soutient sur la poitrine un objet qui paraît être un sceau en pierre gravée, semblable à ceux qui sont décrits sous les nos 487, 488 et 489. La partie inférieure de cette figure contient un noyau de bois dans lequel sont encore fixées des chevilles qui servaient d'attache aux jambes. Un des pieds qui est conservé montre également un fragment de la cheville de bois qui le réunissait à la jambe. Les deux avant-bras et la tête, qui étaient en pièces de rapport, manquent.

Ivoire. — Haut. 0, 123.

(Collection Clot-Bey; acquis en 1852.)

4

382. — Figure de femme vêtue d'une longue tunique serrée par une ceinture tournée deux fois autour de la taille et dont les extrémités, ornées de glands, retombent très bas. Cette tunique est décorée de quatre larges bandes verticales composées, les unes de rosaces et les autres de quadrilatères compris entre deux lignes de dents de scie ; un masque de lion est suspendu sur la poitrine par une bandelette dont les extrémités, ornées de franges, se croisent derrière le cou. Les avant-bras manquent. Des chevilles de bois, qui subsistent, servaient à fixer une tête et les deux pieds exécutés en pièces de rapport, et qui sont perdus.

Ivoire. — Haut. 0, 148.

(Collection Clot-Bey; acquis en 1852.)

383. — Femme couchée, vêtue d'une longue tunique sans manches, ornée de quatre bandes verticales, deux desquelles présentent, ainsi que la bordure inférieure, des rangées de rosaces formées de points entourés de cercles. Une ceinture, tournée deux fois autour de la taille, se noue par devant, et ses extrémités, ornées de glands, tombent au-dessus des genoux. Une tête de lion est suspendue sur la poitrine par un collier. Les bras sont étendus et appliqués sur les parois d'une petite boîte quadrilatère dont le couvercle, tournant sur pivot, est perdu. La tête, qui se relevait à angle droit au-dessus de la boîte, manque ; la mortaise carrée dans laquelle elle était ajustée indique sa place et son mouvement, qu'attestent encore des figures analogues de travail égyptien.

Os. — Haut. 0, 178.

(Collection Clot-Bey; acquis en 1852.)

384. — Pied gauche dont l'orteil est brisé. Le beau style

de ce fragment pourrait le faire rapporter aux meilleurs temps de l'art grec, si nous n'avions pas un point de comparaison dans un autre pied d'ivoire trouvé dans l'édifice de Némrôd, et actuellement déposé au Musée Britannique.

Ivoire. — Long. 0, 064.

385. — Peigne à *deux fins;* au centre, dans un cadre décoré de lignes brisées, un lion marchant, découpé dans la masse et sculpté de ronde-bosse.

Bois d'ébène. — Haut. 0, 098. — Larg. 0, 067.

(*Collection Clot-Bey; acquis en* 1852.)

386. — Peigne dont les dents sont en partie brisées. Le centre porte sur chaque face un bas-relief dans un cadre décoré d'oves; d'un côté, un lion marchant à droite; et de l'autre, un taureau ailé marchant également à droite.

Bois d'ébène. — Haut. du fragment: 0, 082. — Larg. 0, 060.

(*Collection Clot-Bey; acquis en* 1852.)

387. — Autre peigne très mutilé. La partie centrale présente sur chaque face un bas-relief au-dessus et au-dessous duquel règne une ligne de *flots.* Aux extrémités sont gravées quatre rosaces composées de cercles concentriques. Les bas-reliefs représentent, d'un côté, un sphinx ailé, à corps de lion, avec un visage barbu, et tourné à gauche; de l'autre, un lion marchant à gauche, sur la cuisse et l'épaule duquel sont gravées deux rosaces.

Bois d'ébène. — Haut. du fragment: 0, 092. — Larg. 0, 047.

(*Collection Clot-Bey; acquis en* 1852.)

Voyez le bas-relief d'ivoire représentant un sphinx.

trouvé dans l'édifice de Némrôd (Layard, *The Monuments of Nineveh*, pl. 89, n° 12).

La composition du sphinx sculpté sur une des faces de ce peigne, se rapporte complétement au premier des quatre animaux symboliques que Daniel vit en songe dans l'année première du règne de Baltasar, roi des Chaldéens : « *La première était comme une lionne, et ses ailes comme celles de l'aigle.* » (Daniel, VII, 4.)

388. — Fragments de peigne. Le centre est orné sur chaque face d'un bas-relief dans un cadre décoré d'oves. D'un côté, un lion marchant à gauche ; de l'autre, un quadrupède (toute la partie antérieure du corps manque) marchant à droite. Sur la tranche du peigne, au milieu du cadre, on voit un petit faisceau noué au centre.

> Ivoire. — Haut. du fragment : 0, 106. — Larg. 0, 027.
> (*Collection Clot-Bey; acquis en 1852.*)

389. — Peigne à deux fins, présentant dans la partie centrale un lion marchant la tête baissée, sculpté à jour dans un cadre décoré d'oves.

> Bois. — Haut. 0, 14. — Larg. 0, 10.
> (*Acquis en 1853.*)

390. — Peigne portant au centre, sur chacune de ses faces, un groupe en bas-relief placé dans un cadre décoré d'oves. D'un côté, un lion qui se dresse en posant ses pattes antérieures sur le corps d'un mulet tombé à terre ; de l'autre côté, un personnage vêtu d'une courte tunique, tourné à gauche, portant un vase sphérique et paraissant faire une offrande à une vache allaitant un veau et détournant sa tête, qu'elle touche de son pied droit de derrière.

> Bois d'ébène. — Haut. 0, 127. — Larg. 0, 082.
>
> (*Collection Clot-Bey; acquis en 1852.*)

La vache allaitant son veau se trouve figurée près d'un temple dans un bas-relief découvert à Khorsabad (Botta, *Monument de Ninive*, pl. 141). Un ivoire trouvé dans l'édifice de Némrôd représente le même animal retournant sa

tête (Layard, *The Monuments of Nineveh*, pl. 91, n° 32).
Ce même sujet se retrouve sur deux coupes dorées de Ceri,
objets tout à fait analogues aux vases d'argent de travail assyrien décrits plus loin sous les n⁰ˢ 536 et 537 (voyez Grifi, *Monumenti di Cere antica*, pl. IX et pl. X, n° 1). La vache allaitant son veau a été aussi représentée sur la *tombe aux harpies*,
découverte à Xanthus de Lycie (Fellows, *Acc. of discov. made
in Lycia*, 1841, pl. 21), et sur les monnaies du satrape Bagæus
ou Boges (duc de Luynes, *Numismat. des satrapies*, pl. V,
n⁰ˢ 2 et 3, p. 40). Ce type a pénétré en Illyrie et se voit sur
les monnaies d'Apollonia, de Dyrrachium et des Enchelii.

Il avait été porté à Dyrrachium par les Corcyréens qui
colonisèrent cette ville, car le type de la vache allaitant
son veau existe sur des monnaies frappées dans l'île de Cor-
cyre, dont le style est aussi ancien que celui des monnaies
de Bagæus. Le revers des monnaies de ce satrape présente
deux états du même symbole : l'un tout à fait asiatique, le
roi vêtu de long, perçant de son épée un lion qui se dresse
devant lui ; l'autre presque grec, Hercule nu tenant suspendu par la queue un lion qu'il frappe de sa massue ; sauf
la nudité, c'est le sujet des grands bas-reliefs de Khorsabad,
décrits dans cette notice sous les n⁰ˢ 4 et 5. Bien qu'associé
à des représentations religieuses, le type de la vache allaitant un veau n'a, sur aucun des monuments que nous avons
cités, le caractère précis que lui donne la présence de l'homme qui lui fait une offrande. Depuis longtemps, toutefois,
M. Félix Lajard avait attribué à ce groupe une valeur religieuse. (Voyez *Nouvel. annal. de l'Inst. archéol*, 1839,
t. II, p. 411 ; *Mém. de l'Acad. des inscript.*, t. XV,
2e partie, p. 80 ; *Annal. de l'Inst. arch.*, t. XIX, p. 59 ;
Cf. Raoul-Rochette, *Mém. sur l'Hercule assyr. et phénic.*,
18, 1re partie, § 8, p. 108.)

Nous voyons sur la monnaie de Carystus d'Eubée une
vache allaitant son veau, et c'était bien probablement une
figure semblable, exécutée en bronze, qu'au dire de Pau-
sanias (x, 16, 6), les habitants de Carystus dédièrent à
l'Apollon de Delphes ἀπὸ ἔργου τοῦ Μηδικοῦ.

591. — Peigne à *deux fins*. La partie pleine qui sépare
les deux rangs de dents porte gravés sur l'une de ses
faces deux rhombes dont les sommets d'angles sont
déterminés par des rosaces composées de cercles concentriques, et les lignes de côtés par des rangées de
points entourés d'un petit cercle.

Bois. — Haut. 0, 245. — Larg. 0, 069.

(*Collection Clot-Bey; acquis en 1852.*)

392. — Lion marchant; trois jambes sont brisées : sous le cou et le ventre, existe une profonde mortaise très régulièrement taillée.

Bois. — Long. 0, 10.

(*Acquis de Clot-Bey, 1852.*)

393. — Buste de griffon ouvrant le bec et tirant la langue. Une double aigrette descend du sommet de la tête et se termine en une spirale sur chaque épaule.

Ivoire. — Haut. 0, 055.

(*Collection Clot-Bey; acquis en 1852.*)

Voyez les griffons d'ivoire trouvés dans l'édifice de Némrôd dans l'ouvrage de Layard : *The Monuments of Nineveh*, planche 90, nᵒˢ 22 à 24. — Voyez aussi, pour l'aigrette du griffon, les objets décrits sous les nᵒˢ 220, 536 et 537.

394. — Manche de couteau taillé en forme de lion couché. Le pelage est indiqué par un semé de petits points. Ce manche est brisé au point où pénétrait l'extrémité de la lame.

Os. — Long. 0, 088.

(*Collection Clot-Bey; acquis en 1852.*)

395. — Autre; le corps du lion est entièrement lisse.

Ivoire. — Long. 0, 067.

(*Collection Clot-Bey; acquis en 1852.*)

396. — Autre manche de couteau dont l'extrémité est taillée en forme de partie antérieure de lion. Ce manche, qui a toute sa longueur, contient encore un fragment de lame de *fer* fixé par trois clous rivés de même métal.

Ivoire. — Long. 0, 113.

(*Collection Clot-Bey; acquis en 1852.*)

597 à 599. — Trois manches de couteau dont les extrémités sont taillées en forme de partie antérieure de lion, de chèvre et de génisse. Ces trois manches sont réunis et enveloppés jusqu'à la moitié par une bande de toile enduite de bitume.

Ivoire. — Long. 0, 075, 0, 078 et 0, 098.

400. — Tête de cheval; ornement d'un manche de couteau. Une cheville de bois dur qui subsiste encore indique comment elle était fixée.

Ivoire. — Long. 0, 031.

(*Collection Clot-Bey; acquis en* 1852.)

Le couteau qui accompagne les deux gros poignards placés dans la ceinture du roi, de ses serviteurs, à Némrôd, a un manche taillé en tête de cheval entièrement semblable à celle qui est décrite ici (Voyez Layard, *The Monuments of Nineveh*, planches 5, 25, 34, 36, 37, 38, etc.).

401. — Partie antérieure de bélier. Fragment d'un manche de couteau.

Ivoire. — Long. 0, 037.

402. — Tête de taureau. Un trou d'emmanchement et deux trous pratiqués pour passer des rivets montrent que cette tête a servi à décorer un ustensile, probablement un manche de couteau.

Ivoire. — Long. 0, 019.

403. — Deux têtes de lapin, accouplées en sens opposé. Base plane percée d'une mortaise carrée. Cet objet a dû servir à décorer le manche d'un poignard.

Ivoire. — Long. 0, 047.

Pour la forme que les Assyriens donnaient à la tête du lapin, consulter les bas-reliefs représentant des chasses, découverts à Khorsabad, gravés dans l'ouvrage intitulé : *Monument de Ninive*, publié par Botta, pl. 110.

404. — Deux bustes de lion, réunis par la base et se relevant en forme de croissant. Le centre, percé d'une mortaise oblongue, est enveloppé d'une bande de toile enduite de bitume. Cet objet paraît avoir servi de couronnement à un manche de poignard.

Ivoire. — Larg. 0, 056.

(Collection Clot-Bey; acquis en 1852.)

405. — Anneau très allongé, décoré d'une tête de chien et d'une tête de serpent. Cet anneau a pu servir d'ornement d'oreilles.

Ivoire. — Long. 0, 031.

(Collection Clot-Bey; acquis en 1852.)

406. — Cachet en forme de poing fermé; le poignet est entouré d'un bracelet; la base porte gravée en creux une figure de centaure qui s'apprête à percer de sa lance un lion dressé debout devant lui.

Ivoire. — Haut. 0, 022.

(Collection Clot-Bey; acquis en 1852.)

407. — Sceau; lion sur une gazelle. Sujet très grossièrement gravé en creux.

Ivoire. — Diam. 0, 020.

(Collection Clot-Bey; acquis en 1852.)

408. — Lion dévorant un bouquetin dont la tête et le cou sont seuls visibles. Ce groupe décore l'une des faces d'un objet aplati, irrégulièrement arrondi avec une base plane qui porte une mortaise allongée. On pourrait y reconnaître une poignée de sceau.

Os. — Haut. 0, 037. — Larg. 0, 048.

(Collection Clot-Bey; acquis en 1852.)

409. — Autre; la tête du bouquetin est bien nettement tracée; le lion, dont on reconnaît encore la forme, est remplacé par des stries semi-circulaires.

Os. — Haut. 0,041. — Larg. 0,064.

410. — Autre. Le lion est grossièrement indiqué; le dessin de la tête du bouquetin est très altéré; l'oreille est remplacée par une fleur de la plante figurée dans le bas-relief de Khorsabad, décrit plus haut sous le n° 12.

Os. — Haut. 0,035. — Larg. 0,055.

411. — Autre. Dessin très altéré; la croupe et la queue du lion bien visibles. L'oreille du bouquetin est remplacée par une fleur à pétales recourbées, comme celle qui se voit sur la tiare des personnages représentés dans les bas-reliefs décrits plus haut sous les n°s 6, 7, 8, 12, 34, 35.

Os. — Haut. 0,042. — Larg. 0,061.

412. — Autre. Le lion est remplacé par deux groupes de stries semi-circulaires; la queue seule a été conservée. Les poils du bouquetin sont exprimés par des boucles roulées en spirales, et son oreille est remplacée par une belle palmette semblable à celles que nous montrent les briques émaillées décrites plus haut sous les n°s 78 à 89.

Os. — Haut. 0,044. — Larg. 0,050.

413. — Tête de sceptre ou masse en forme de capsule de pavot. La partie sphéroïdale est décorée d'arcs de cercle qui se coupent, et de groupes de petites rosaces formées d'un point dans un cercle; le sommet est couronné par une rangée de *raies de cœur*. La base est munie d'une forte vis à filets triangulaires.

Ivoire. — Haut. 0, 035.

(*Collection Clot-Bey; acquis en 1852.*)

Plusieurs bas-reliefs de Khorsabad nous montrent des personnages qui portent à la main une masse à tête sphéroïdale (Voy. Botta, *Monum. de Nin.*, pl. 65, 105, 119 *bis*, 159. Cf. la figure royale de la stèle de Larnaca, décrite plus loin sous le n° 617 ; et Layard, *The Monum. of Nineveh.*, p. 25).

414. — Style plat et large, taillé en pointe à l'une de ses extrémités. Cet instrument paraît avoir servi à tracer des caractères cunéiformes sur la terre molle des barils à inscriptions, ou des briques de contrats.

Os. — Long. 0, 136.

415. — Autre.

Os. — Long. 0, 104

416. — Fragment d'un style semblable aux précédents.

Os. — Long. 0, 052.

417. — Style rond et un peu courbé vers l'extrémité aiguë.

Os. — Long. 0, 152.

418. — Disque scié d'une coquille, percé au centre et dans le sens horizontal. Il est orné à sa face supérieure d'un grènetis et de quatre rosaces annulaires gravées en creux.

Diam. 0, 025.

Trouvé, le 17 février 1852, par M. V. Place, dans les fondations du palais de Khorsabad.

Cet ornement, malgré son petit volume, est fort intéressant pour l'archéologie assyrienne. Sa provenance bien authentique ajoute un nouveau degré de certitude à l'attribution que nous avons faite à l'Assyrie de divers objets trouvés en Egypte, dont le style révèle une origine asiatique, et sur lesquels nous avions remarqué, comme caractère distinctif, de petites rosaces composées d'un point placé au centre d'un anneau ou de deux cercles concentriques.

419. — Manche de poignard en forme de tour à huit pans; la base et le couronnement sont carrés et striés horizontalement. Cette tour a des créneaux semblables à ceux d'un temple et d'un autel représentés dans un bas-relief de Khorsabad (Voy. Botta, *Monum. de Ninive*, pl. 114).

Os. — Long. 0, 117.

Cet objet, ainsi que les dix-huit autres décrits à la suite (nos 420 à 437) proviennent de la *Collection Clot-Bey*, acquise en 1852.

L'ouvrier qui a taillé ce manche de poignard lui a donné une forme architecturale que nous retrouvons identiquement dans une tour ou autel placé au sommet d'une montagne, sujet sculpté à Khorsabad (Voy. Botta, *Monum. de Nin.*, pl. 114).

420. — Autre manche de poignard en forme de tour à huit pans; la base et le sommet sont aussi carrés, mais les créneaux n'existent pas. Sur cinq des pans de cette tour sont gravées des rosaces formées d'un point dans un cercle, et inégalement distribuées.

Os. — Long. 0, 102.

421. — Manche de poignard en forme de tour carrée, couronnée de créneaux.

Os. — Long. 0, 121.

422. — Autre, en forme de pyramide à quatre faces et tronquée, munie de pieds à ses angles. Les parois de la base sont quadrillées; sur les quatre faces sont gra vées des rosaces composées d'un point au milieu de deux cercles concentriques. Ce manche contient un noyau de bois scellé avec du plomb.

Os. — Long. 0, 095.

423. — Autre manche en forme de prisme à quatre faces, légèrement évasé au sommet. Il est divisé en trois parties égales par des doubles lignes gravées en creux. Les deux parties supérieures sont quadrillées; celle du bas est décorée sur chaque face de deux rosaces composées d'un point au milieu de deux cercles concentriques.

Os. — Long. 0, 122.

Les dieux, les rois et divers autres personnages représentés dans les bas-reliefs du Némrôd, portent à la ceinture deux poignards dont les manches sont complétement semblables à ceux qui sont ici classés. (Voyez Layard, *The Monum. of Nineveh*, pl. 5, 25, 34, 36, 37, 38, etc.)

On a d'autant moins lieu de s'étonner de la découverte de ces manches de poignards en Egypte, qu'une peinture de Thèbes, du règne de Thoutmès III, nous apprend qu'un peuple asiatique et très probablement assyrien, offrait au roi, entre autres présents, des poignards dont le manche est semblable à ceux qui sont décrits ici.

424. — Manche de poignard à quatre faces, dont trois planes et une arrondie. Le sommet est légèrement évasé. Les faces, qui sont divisées en quatre parties par des lignes horizontales, sont ornées de chevrons et de quadrilles gravés en creux.

Os. — Long. 0, 108.

425. — Autre, à quatre faces planes; ornements plus simples.

Os. — Long. 0, 108.

426. — Autre, prisme à quatre faces sans évasements,

divisées en trois parties par des lignes horizontales;
ces divisions ornées de chevrons et de lignes qui se
coupent en diagonales.

Os. — Long. 0, 104.

427. — Manche de poignard en forme de cylindre légèrement aplati à la base; il est orné de deux lignes
de chevrons séparant trois rangées de rosaces composées d'un point au milieu de deux cercles concentriques.

Os. — Long. 0, 114.

428. — Autre, en forme de cylindre irrégulier fortement évasé à sa partie supérieure; il est orné de stries
horizontales très rapprochées, interrompues en deux
endroits par un anneau lisse et un anneau quadrillé.

Os. — Long. 0, 114.

429. — Autre, de forme cylindrique, orné de quadrilles
et de chevrons.

Os. — Long. 0, 072.

430. — Autre, cylindrique, divisé en six parties par de
triples lignes horizontales, entre lesquelles sont gravés
des chevrons, des quadrilles et des lignes obliques.
La partie inférieure est enveloppée d'une bande de
cuir roulée en bourrelet qui était destinée à retenir la
main.

Os. — Long. 0, 108.

431. — Autre, décoré d'anneaux formés de quatre lignes
horizontales recoupées par des lignes obliques.

Os. — Long. 0, 115.

432. — Autre, dont toute la surface est couverte par un réseau formé de lignes très espacées.

Os. — Long. 0, 127.

433. — Autre, orné d'annelures composées de groupes de trois filets en relief, alternant avec des zônes.

Os. — Long. 0, 107.

434. — Autre, décoré d'annelures formées de six groupes composés de huit, de sept et de six filets en relief, alternant avec des zônes lisses.

Os. — Long. 0, 118.

435. — Autre, orné de filets doubles et en relief, séparés par des zônes lisses.

Os. — Long. 0, 097.

436. — Autre, évasé au sommet et décoré de filets en relief distribués à égale distance. La partie supérieure est remplie par un noyau de bois.

Os. — Long. 0, 127.

437. — Autre, de très petit diamètre; il est orné de quatre groupes de trois filets : deux gravés en creux, deux en relief.

Os. — Long. 0, 085.

CYLINDRES ET PIERRES GRAVÉES, PATES, ETC.

Les cylindres, genre de pierres gravées dont le nom indique assez la forme, ont été considérés pendant longtemps comme des cachets. On a même donné à quelques-uns d'entre eux des montures, toutes modernes, imitées de certaines bagues égyptiennes, et qui permettent de rouler ces cylindres de manière à obtenir des empreintes de leur surface développée. Cependant on a retrouvé quelques cylindres munis de leur monture (voyez plus loin le n° 469), et cette dernière n'indique point l'usage auquel on avait d'abord pensé. Un axe composé de deux tiges métalliques qui sont rivées à l'extrémité inférieure, et forment un assez grand anneau au sommet, constitue un obstacle au mouvement de rotation nécessaire pour l'exécution de l'empreinte. Il faut donc regarder les cylindres comme des amulettes que l'on portait suspendues au cou. Ainsi s'explique la similitude des sujets gravés sur un assez grand nombre d'entre eux; similitude inconcevable pour des sceaux qui doivent être des marques d'identité. On a cru aussi, longtemps, que tous les cylindres étaient d'origine babylonienne et persépolitaine. L'étude des monuments permet actuellement de reconnaître qu'il existe des cylindres assyriens, babyloniens, phéniciens, médiques, perses. Il est présumable que l'on en trouvera d'arméniens, de juifs, etc. (Voyez, plus loin, n°s 540 et suivants, les cylindres babyloniens, et les cylindres perses sous les n°s 560 et suivants.)

458.—Cylindre, arbre sacré très orné, entre deux personnages barbus, ailés, coiffés de tiares à cornes de ta -

reau, vêtus d'une longue robe à franges, ouverte par devant, la main gauche levée en signe d'invocation, et tenant de la droite un vase à anse. Deux lignes de caractères cunéiformes assyriens, où l'on reconnaît :

de (signe du nom propre) *Azsar? fils de* (signe du nom propre).........

Jaspe blanc. — Haut. 0, 017.

(*Acquis en juillet* 1849.)

Voyez, pour le costume des personnages ailés, les détails rapportés dans la description des bas-reliefs nᵒˢ 6 et 8; et pour l'arbre sacré, la description du bas-relief nᵒ 12. Sur le cylindre, l'arbre est plus orné que celui qui se voit au Musée; il a beaucoup plus de rapport pour le style avec celui qui a été observé sur les murailles de l'édifice de Némrôd. (Voyez Layard, *The Monum. of Nineveh*, pl. 6, 7, 8, 9, 25, 47, 49.) Cependant, il s'est trouvé à Khorsabad un fragment d'arbre sacré analogue à ceux de Némrôd.

439. — Cylindre. Deux personnages debout, l'un barbu, l'autre imberbe, vêtus de longues robes ornées de franges, dans l'attitude de l'invocation, placés en regard, de chaque côté d'un arbre sacré au-dessus duquel est un disque avec des ailes éployées et une queue d'oiseau.

Sardoine blanche. — Haut. 0, 029.

(*Acquis en octobre* 1850.)

Le dieu assyrien planant dans un disque ailé se voit dans les bas-reliefs de Némrôd; le disque ailé sans figure humaine s'y trouve également (Voyez Layard, *The Monuments of Nineveh*, planche 39 A).

Les Perses, qui ont tout emprunté aux Assyriens en fait d'art, ont approprié à leur dieu Ormazd les symboles du dieu assyrien (Voyez les bas-reliefs de Persépolis dans Ker Porter, *Travels in Persia*, pl. 17, 49 et 50.).

440. — Cylindre. Deux hommes barbus, agenouillés de

chaque côté d'un arbre sacré au dessus duquel est un disque ailé à queue d'oiseau. Dans la partie supérieure du champ, entre les deux personnages, un astre à huit rayons, un croissant, et au-dessous, le κτείς.

Sardoine blanche. — Haut. 0, 031.
(*Acquis en octobre 1850.*)

La symbolique orientale admettait, sans que la pudeur pût en être offensée, certaines représentations qui exprimaient des idées sérieuses. Les Israélites eux-mêmes reçurent sans étonnement, et comme un hommage rendu à l'arche sainte, les singuliers *ex veto* que les Phéniciens d'Azot, de Gaza, d'Ascalon, de Geth et d'Accaron, leur présentèrent avec des rats d'or (I *Reg.*, VI, 11, 17).

441. — Cylindre. Plante sacrée entre un dieu ailé, coiffé d'une tiare, et un personnage élevant les mains en signe d'invocation, devant une table chargée d'offrandes.

Agate blanche. — Haut. 0, 017.
(*Musée Charles X.*)

442. — Cylindre, arbre sacré au-dessus duquel est un grand croissant ailé à queue d'oiseau. Diverses figures que le graveur n'a pas achevées; on reconnaît par les tailles la place d'un homme debout et d'un animal.

Sardoine blanche. — Haut. 0, 026.
(*Acquis en décembre 1849.*)

443. — Cylindre. Personnage debout, tourné à gauche, levant la main en signe d'invocation devant un animal sacré formé de la partie antérieure d'une antilope et d'un corps de poisson. En haut, dans le champ, le soleil, le croissant de la lune et un globe ailé ceint de bandelettes.

Sardoine grise. — Haut. 0, 025.
(*Acquis en juillet 1849.*)

L'animal symbolique représenté ici est évidemment le prototype du Capricorne du zodiaque grec.

444. — Cylindre. Divinité coiffée d'une tiare, vêtue d'une longue robe garnie par le bas d'une frange ; elle est entourée d'une grande auréole radiée ; devant elle le κτείς, deux arbres (cyprès?) et un personnage barbu la tête ceinte de bandelettes, et faisant le geste de l'invocation ; en haut, un croissant. Derrière ce personnage, un autel (?), une plante (?), le caractère et au-dessus les planètes représentées sous la forme de sept globules.

Serpentine. — Haut. 0, 024.

(*Acquis en octobre* 1850.)

445. — Cylindre. Personnage barbu, coiffé d'une tiare surmontée d'un globe, vêtu d'une longue robe, élevant l'index de la main droite, tenant une fleur de la main gauche, assis à droite sur un siége à dossier. Dans le champ, un croissant. Devant le personnage, un piédestal surmonté d'un soleil posé sur un X. A droite du piédestal, un petit autel sur lequel un personnage barbu, vêtu d'une longue robe à franges, debout, accomplit les rites du sacrifice. Derrière, antilope couchée, au-dessus de laquelle est un disque muni d'ailes et d'une queue d'oiseau.

Sardoine blonde. — Long. 0, 027.

(*Acquis en décembre* 1849.)

Ce cylindre offre, sous le rapport du style, la plus grande analogie avec les bas-reliefs de Maalthaï (voyez *Journal asiatique*, 1846, t. VII, p. 280). La tiare, légèrement évasée à sa partie supérieure et surmontée d'un disque, la forme du trône, sont autant de caractères communs à ces monuments. Les ornements en forme d'appendices horizontaux qui décorent le dossier du siége, tracés peu nettement sur le cylindre, sont bien distincts dans les bas-reliefs. Un beau tétradrachme de Démétrius II, roi de Syrie, représente une divinité asiatique debout devant un trône dont les montants sont ornés d'appendices semblables qui ont été pris pour des phallus. M. Félix Lajard avait déjà repoussé cette explication avant la découverte des sculptures de Maalthaï (voyez *Nouvelles annal. de l'Institut archéol.*, 1836, t. I, p. 212). Le bouton de fleur que tient à la main la divinité assise, se voit aussi dans la main d'Ormazd, à Persépolis ; le même dieu est représenté sur les monnaies de Tiribaze, satrape d'Asie Mineure au temps de la retraite des Dix mille (Voyez duc de Luynes, *Numismatique des satrapies*, pl. 1, nº 1 à 3, et pag. 1 sq.).

446. — Cylindre. Figure debout sur la croupe d'un taureau, devant lequel un homme, vêtu d'une longue robe à franges, lève la main en signe d'invocation. Un personnage, debout sur une estrade, vêtu d'une robe à frange, ouverte par devant, coiffé d'une tiare, élève la main gauche et tient de la droite une couronne ; devant lui est plantée une lance ornée de bandelettes. En haut, dans le champ, le soleil et le croissant de la lune.

Hématite. — Long. 0, 032.

(*Acquis en décembre* 1849.)

Les bas-reliefs découverts par M. Simon Rouet dans la montagne de Chendouc, près de Maalthaï, présentent une série de sept divinités posées sur des animaux. Les trois premières ont un taureau sous les pieds.

447. — Cylindre. Divinité féminine assise sur un siége à pieds droits ornés de moulures ; elle a les pieds posés sur un escabeau et tient un miroir ; devant elle, une femme, debout, porte une coupe de la main droite et une pièce d'étoffe de la gauche ; derrière le siége, une femme, debout, agite un flabellum carré.

Agate rouge et blanche. — Long. 0, 030.

(*Acquis en décembre* 1849.)

Dans les peintures égyptiennes de Béni-Hassan, une femme, debout, agite un éventail carré derrière une harpiste. On verra plus loin (nᵒˢ 452 et 453) des personnages qui rafraîchissent, par le même procédé, le contenu de vases.

Les deux cylindres nᵒˢ 447 et 448, taillés dans la même matière et gravés par la même main, se rapportent certainement à la même divinité. La déesse assise, coiffée d'une tiare à cornes de taureau, surmontée d'un astre, se retrouve dans un très beau bas-relief de Némrôd représentant une procession d'hommes portant des idoles. Le sujet des cylindres 447 et 448 semble le prototype de ces compositions connues sous le nom de *toilette de Vénus*, qui se voient sur des vases grecs.

448. — Cylindre. Arbre (myrte) en avant duquel est une divinité assise sur un siége à dossier très élevé. Elle est coiffée d'une tiare conique munie de petites cornes et surmontée d'un astre. De la main droite, elle tient un miroir ; devant elle, une femme, debout, qui lui présente un voile à franges en faisant le geste de l'invocation. Au-dessus de l'arbre, un caractère cunéiforme indistinct.

> Agate rouge veinée. — Haut. 0, 023.
>
> (*Acquis en octobre* 1850.)

449. — Cylindre à deux registres. Cyprès posé sur un autel, entre deux personnages debout, faisant le geste de l'invocation. Au-dessous, trois cygnes nageant.

> Serpentine. — Haut. 0, 034.
>
> (*Acquis en octobre* 1850.)

Au sujet du culte rendu au cyprès, consultez le mémoire de M. Félix Lajard, intitulé : *Recherches sur le culte du cyprès pyramidal chez les peuples civilisés de l'antiquité*, travail lu à l'Académie des Inscriptions, en 1843, et dont la première partie est imprimée dans les *Annales de l'Institut archéol.*, 1847, t. XIX, p. 34-104.

450. — Cylindre. Six autels disposés trois par trois en sens inverse. Deux portent des cyprès, deux autres des palmes, les deux derniers des cippes cannelés. Dans les espaces vides, on a figuré une arme en crochet semblable à *l'ankouka* des Indiens, le κτείς et le symbole ⊴.

> Pierre calcaire blanche. — Haut. 0, 053.
>
> (*Acquis en octobre* 1850.)

451. — Cylindre. Personnage barbu, vêtu d'une longue robe à franges, assis, à droite, sur un trône à dossier. Devant lui, un autel élevé sur lequel est un grand oiseau à long col (cygne?) ; près de l'autel, un homme barbu, debout, vêtu d'une longue robe à franges, levant la main droite en signe d'invocation. Dans le champ, trois caractères cunéiformes.

Serpentine. — Long. 0, 036.

(*Acquis en décembre* 1849.)

452. — Cylindre. Grand vase en forme de *cadus* posé sur une base peu élevée. A droite, personnage debout, vêtu d'une longue robe à franges, tenant de la main gauche une canne à tête d'animal, et élevant de la main droite un rhyton d'où coule un liquide. Dans le champ, un croissant. A gauche, un autre personnage, vêtu comme le premier, et agitant au-dessus du vase un flabellum carré.

Serpentine. — Long. 0, 025.

(*Acquis en décembre* 1849.)

Voyez le bas-relief de Némrôd représentant un eunuque qui rafraîchit le liquide contenu dans un vase à l'aide d'un flabellum carré (Layard, *The Monum. of Nineveh*, pl. 30).

453. — Cylindre. Autel sur lequel est un vase. A droite, personnage barbu, debout, soutenant une coupe sur sa main droite élevée, et tenant, de la gauche, une harpe qui pose à terre. A gauche, un second personnage, debout, la main gauche appuyée sur une canne à tête d'animal, et, de la droite, agitant un flabellum carré au-dessus du vase.

Serpentine. — Long. 0, 023.

(*Acquis en décembre* 1849.)

454. — Cylindre à deux registres. Amphore à anses surélevées et à base conique, placée au-dessus de deux palmes croisées. De chaque côté, un homme frappant un cerf qui se retourne. Second registre : deux globules superposés, entre deux lions couchés très grossièrement figurés. D'un côté de ce groupe, une chèvre marchant; de l'autre, trois globules superposés verticalement.

> Coquille fossile. — Haut. 0, 046.
>
> *(Acquis en octobre 1850.)*

455. — Cylindre. Autel surmonté d'un astre au-dessus duquel est un croissant, entre deux personnages dans l'attitude de l'invocation. Derrière, huit planètes et un poisson.

> Serpentine verte. — Long. 0, 027.
>
> *(Khorsabad, fouilles de 1852.)*

456. — Cylindre. Maison à deux portes, devant laquelle un personnage, accroupi sur une estrade, tend une coupe à un homme debout, qui tient un vase allongé, et devant lequel est une amphore. Un second personnage est accroupi vis-à-vis le premier, sur une estrade soutenue par six pieds en balustres. Derrière lui sont deux amphores placées l'une au-dessus de l'autre.

> Marbre blanc. — Haut. 0, 045. — Diam. 0, 038.
>
> *(Acquis en décembre 1849.)*

La maison représentée sur ce cylindre est fort intéressante; elle ressemble considérablement à un édifice égyptien de même nature, copié dans un tombeau de Thèbes par Wilkinson (Voy. *Manners and customs of the ancient Egyptians*, t. II, p. 114).

457. — Personnage barbu, vêtu d'une longue robe, assis à gauche, la tête surmontée d'une petite figure debout. Derrière, un autre personnage, vêtu d'une longue robe à franges, levant la main droite. Devant l'homme assis, un homme vêtu d'une longue robe à franges, le corps légèrement penché en avant, tenant deux épées, et suivi d'un autre personnage qui lève le bras gauche; cinq lignes de caractères cunéiformes très effacés.

Jaspe vert. — Haut. 0, 04.

(*Acquis en décembre 1849.*)

Ce précieux monument a malheureusement fort souffert; mais, dans les figures si effacées qu'il porte, on reconnaît beaucoup d'analogie avec la *Naissance de Minerve*, telle qu'elle est représentée sur les vases peints d'ancien style. Il est bon de remarquer qu'une inscription phénicienne de Carthage est consacrée à la *souveraine Tanit, manifestation de Baal* (V. Saulcy, *Revue archéol.*, t. III, 1846, p. 633). Il faut se rappeler encore qu'un bas-relief récemment découvert à Némrôd nous montre la figure d'un dieu dans l'attitude de la marche, lançant la foudre, et en outre armé de la *falx*, ce qui complète le prototype du Jupiter hellénique (Voy. Layard, *A second series of. the monum. of Nineveh*, etc., in-fol., 1853, pl. 5).

458. — Cylindre. Disque ailé, muni de deux bras qui tiennent des couronnes. Au-dessous, deux barques portant chacune trois hommes, et entourées de poissons, de crabes et de serpents (voyez plus haut les bas-reliefs n°s 34 et 35); en haut du cylindre, un lion poursuivant un taureau, une étoile et un croissant.

Hématite. — Long. 0, 026

(*Acquis en décembre 1849.*)

Un bas-relief de Tell-Amarna et un autre trouvé dans les décombres du pylone d'Horus, à Karnac, montrent le roi Aménophis IV (XVIIIe dynastie) invoquant un disque solaire dont les rayons se terminent par des mains tenant la croix ansée.

459. — Cylindre. Personnage vêtu d'une tunique courte recouverte par une longue robe à franges, ouverte par devant, tourné à gauche, muni de quatre ailes, saisissant de la main droite un taureau ailé, et de la gauche un sphinx ailé; les deux animaux sont debout et détournent la téte.

Sardoine blonde. — Long. 0, 025.

(*Acquis en décembre* 1849.)

On voit un sphinx ailé placé vis-à-vis d'un taureau ailé dans un bas-relief de Némrôd (Layard, *The Monum. of Nineveh*, pl. 8).

460. — Cylindre. Même sujet; le personnage principal n'est point ailé.

Matière brûlée. — Long. 0, 018.

(*Acquis en décembre* 1849.)

461. — Cylindre. Personnage vêtu d'une tunique courte, recouverte par une longue robe à franges ouverte par devant, tourné à gauche, muni de deux ailes, entre deux sphinx ailés debout, qu'il saisit par les pattes de devant.

Sardoine grise. — Haut. 0, 034.

(*Acquis en décembre* 1849.)

Le personnage luttant contre deux sphinx ailés se retrouve dans plusieurs bas-reliefs de Némrôd (Layard, *The Mon. of Nineveh*, pl. 6 et 44).

462. — Cylindre. Même sujet; entre les deux sphinx, un astre à six rayons.

Sardoine blanchâtre. — Long. 0, 021.

(*Acquis en décembre* 1849.)

465. — Cylindre. Personnage ayant le visage de face et les cheveux hérissés, entre deux taureaux debout qu'il saisit; devant l'un des taureaux, un astre à sept rayons; devant l'autre, une épée. Deux lions debout, vis-à-vis l'un de l'autre, soutenant par les pattes de

derrière deux antilopes. Sous les antilopes et derrière le lion de gauche, deux petits animaux.

Albâtre translucide. — Haut. 0, 033. — Diam. 0, 027.
(*Acquis en décembre 1849.*)

La lutte avec les taureaux se voit plusieurs fois à Nemrôd (Layard, *The Mon. of Nineveh*, pl. 8 et 48).

464. — Cylindre. Quatre personnages marchant à droite, et deux lions debout, affrontés, au-dessus de deux antilopes étendues à terre.

Matière brûlée. — Haut. 0, 029.
(*Musée Charles X.*)

465. — Cylindre. Personnage diadémé, barbu, à jambes de taureau, en face d'un lion debout qu'un second personnage saisit par la crinière. Personnage barbu diadémé combattant une antilope qui se dresse devant lui.

Jaspe vert foncé. — Haut. 0, 038.
(*Acquis en juillet 1849.*)

466. — Cylindre. Trois groupes semblables composés d'une figure nue tournée à gauche qui frappe d'une massue un bouc à tête humaine dressé sur ses pieds de derrière; au-dessous, deux registres d'animaux : six oiseaux, deux antilopes, un sanglier, deux lièvres, une tête de taureau.

Hématite. — Haut. 0, 035.
(*Acquis en juillet 1849.*)

467. — Cylindre. Personnage composé d'un torse humain enté sur deux corps de lions, dressés en regard, et dont il tient les queues. De chaque côté un groupe de combattants; les uns luttent d'une main et de

5

l'autre croisent leurs épées. Dans le second groupe on voit un homme armé d'une grande *falx* recourbée et d'une haste terminée en fourche à sa partie inférieure, tandis que son antagoniste tient un arbre déraciné.

Jaspe vert foncé. — Haut. 0, 028.

(*Acquis en octobre 1850.*)

468. — Cylindre. Personnage ailé, à tête de percnoptère, debout, vêtu d'une longue robe à franges ouverte par devant, tenant de la main gauche une fleur de lotus, élevant la main droite vers un sphinx ailé, debout.

Calcaire dur à grains fins. — Haut. 0, 024.

(*Acquis en décembre 1849.*)

Voyez plus haut le bas-relief n° 9, représentant le dieu-oiseau Nesrok. Ce dieu était aussi figuré en divers endroits à Némrôd.

469. — Cylindre. Registre supérieur : taureau courant, que poursuit un cavalier coiffé d'une tiare en forme de cône tronqué, et tenant une épée de la main droite ; sous le cheval, un homme renversé. Dans le champ, en avant du cavalier, le soleil, le croissant de la lune et un poisson ; devant le taureau, trois caractères cunéiformes isolés et une arme dont l'extrémité est recourbée.

Registre inférieur : personnage, debout, tourné à gauche, tirant de l'arc contre trois archers, dont le premier est agenouillé et coiffé d'un casque conique ; les deux autres sont séparés par une grande targe d'osier (?). Devant chacun de ces archers, un caractère isolé.

Hématite. — Haut. 0, 040.

Ce cylindre, trouvé le 17 février 1852 par M. Victor Place, consul de France à Moussoul, dans les fondations du palais de Khorsabad, est traversé dans toute sa longueur par une double tige de cuivre dont les extrémités sont repliées à la partie inférieure, tandis qu'elle forme un anneau oblong d'un centimètre de hauteur à la partie supérieure. Cette circonstance nous apprend de quelle manière étaient portés les cylindres.

On remarque dans les scènes de combat représentées à Khorsabad et à Némrôd l'emploi de grands boucliers ou targes qui paraissent composés de bois tressé. L'extrémité inférieure de ces boucliers, qui sont quelquefois courbes, repose à terre.

470. — Cylindre. Personnage barbu, diadémé, vêtu d'une longue robe et armé d'une épée, lançant une flèche à un taureau ailé qui galope vers lui. Un palmier entre l'archer et le taureau, sous lequel est un gros oiseau (gallinacé?) qui mange. En haut, dans le champ, un disque ailé à queue d'oiseau, un astre à six rayons et un croissant.

Sardoine blanche. — Haut. 0, 034.
(*Acquis en décembre 1849.*)

471. — Cylindre. Archer agenouillé lançant une flèche à un taureau ailé à tête humaine ; dans le champ, un astre et un croissant sont placés des deux côtés de la tête du taureau. Le haut et le bas du cylindre sont ornés d'une bande chargée de traits gravés en épi.

Serpentine noire. — Haut. 0, 035.
(*Khorsabad, fouilles de 1852.*)

472. — Cylindre. Archer ailé, barbu, agenouillé, lançant une flèche contre un sphinx ailé à tête humaine barbue. Entre eux, une plante au-dessus de laquelle est un croissant.

Serpentine verte. — Long. 0, 028.
(*Khorsabad, fouilles de 1852.*)

473. — Cylindre. Deux bustes d'antilope. Soleil au-dessus d'un κτείς, et caractère cunéiforme.

Serpentine noire. — Long. 0,018.

(*Khorsabad, fouilles de 1852.*)

474. — Cylindre. Cerf couvrant une biche; devant, un personnage barbu, dont les jambes sont recourbées en arrière; en haut, un astre et un croissant.

Serpentine noire. — Long. 0,130.

(*Khorsabad, fouilles de 1852.*)

475. — Cylindre. Personnage debout, vêtu d'une longue robe; devant lui, une plante soutenue par le signe ♀ après laquelle vient un cerf détournant la tête et suivi d'une autre grande plante.

Terre vernissée en bleu. — Haut. 0,029.

(*Collection Clot-Bey; acquis en 1852.*)

476. — Cylindre. Personnage, debout dans un char, lançant une flèche à un taureau qui fuit devant les chevaux. Sous le taureau, une plante. A la partie postérieure du char, est fixée une lance ornée de bandelettes.

Calcaire dur à grains fins. — Haut. 0,041.

(*Acquis en décembre 1849.*)

477. — Cylindre. Antilope, debout, entre un archer qui lui décoche une flèche et un cavalier qui la perce de sa lance. Sous le cavalier, un poisson. Sous l'antilope, un astre à six rayons; et, au-dessus, un croissant.

Jaspe jaune et rouge. — Haut. 0,025.

(*Acquis en décembre 1849.*)

478. — Cylindre. Personnage, de face, très grossièrement figuré, près d'un quadrupède (antilope?) qui se dresse. De chaque côté de ce groupe, une hampe accompagnée de traits obliques (voyez le cylindre décrit sous le n° 446).

Terre vernissée en vert foncé. — Haut. 0, 028.

(*Collection Clot-Bey; acquis en 1852.*)

479. — Cylindre. Deux sphinx ailés, accroupis, tournés à droite; le premier est barbu, et devant sa tête se voit un astre à huit rayons; au-dessus du second, qui est imberbe, est un croissant. Entre les sphinx, deux plantes.

Serpentine. — Haut. 0, 023.

(*Acquis en décembre 1849.*)

480. — Cylindre. Grand oiseau tourné à gauche, au-dessus duquel se voient un astre à huit rayons et un croissant; derrière, un ibis qui retourne la tête. Dans le champ, un κτείς et un caractère cunéiforme.

Serpentine. — Haut. 0, 025.

(*Acquis en décembre 1849.*)

481. — Cylindre. Taureau cornupète poursuivi par un autre taureau qui galope et sous lequel est une plante. Au-dessus, astre à huit rayons et croissant. Dans le champ, κτείς.

Serpentine. — Haut. 0, 023.

(*Acquis en décembre 1849.*)

482. — Cylindre. Ibex et taureau galopant au-dessus d'un monticule allongé; derrière, une plante. Au-dessus, un astre à huit rayons et un croissant.

Serpentine. — Haut. 0, 017.

(*Acquis en décembre 1849.*)

483. — Cylindre. Deux antilopes couchées et retournant la tête vers un astre.

Hématite. — Haut. 0, 020.

(*Acquis en juillet* 1849.)

484. — Cylindre. Homme agenouillé tenant une fronde de la main gauche, et lançant de la droite une pierre contre divers animaux (deux oiseaux et trois quadrupèdes dont l'un a sur la tête une aigrette).

Fer oligiste. — Haut. 0, 017.

(*Acquis en décembre* 1849.)

485. — Cylindre. Un homme barbu et trois femmes agenouillés les uns derrière les autres et se tenant par la main. Entre les deux dernières femmes, un caractère en forme de coin renversé.

Lapis lazuli. — Haut. 0, 022.

(*Musée Charles X.*)

Ce cylindre, de style évidemment asiatique, pourrait n'être pas assyrien. M. de Saulcy a, au mois de janvier 1851, acheté à Karac, dans le pays des Moabites, un cylindre qui offre une grande analogie avec celui-ci; il représente quatre hommes barbus se tenant par la main. Le bas-relief découvert par le même savant dans le voisinage de Karac, monument qui nous montre un roi des Moabites, prouve que l'art de ce peuple se rapproche considérablement de celui des Assyriens; avec certaines différences toutefois qui rendent bien compte du style particulier des deux cylindres.

486. — Cylindre. Trois personnages debout. Sujet très effacé.

Jaspe vert et blanc. — Long. 0, 028.

(*Khorsabad, fouilles de* 1852.)

487. — Personnage barbu, coiffé d'une tiare, vêtu d'une longue robe garnie d'une frange par le bas, faisant le

geste de l'invocation, devant un autel sur lequel est couché un quadrupède cornu. Derrière, une colonne (?) et un cyprès (?); au-dessus, un croissant. Ce sujet est gravé sur la base d'une pyramide à huit faces, arrondie au sommet; pierre semblable à celle que porte au cou le guerrier d'ivoire décrit sous le n° 381.

Calcédoine. — Haut. 0, 023.

(*Acquis en décembre* 1849.)

Le sujet représenté sur cette pierre et sur les deux suivantes se retrouve constamment sur les pierres ayant la même forme. On concevrait difficilement qu'un assez grand nombre d'individus eût adopté une représentation véritablement banale pour en faire le type de sceaux; cette banalité même rendant illusoire l'emploi qui aurait pu être fait de ces cachets. La figurine d'ivoire, classée sous le n° 381, en nous montrant que les pierres en question étaient portées comme amulettes, lève toute incertitude. Le sujet gravé sur la base est répété sans cesse parce qu'il a une valeur religieuse; s'il est gravé en creux, c'est qu'on n'avait pas d'autre moyen de le retracer sur des matières aussi dures que la calcédoine et la sardoine, à une époque où les camées n'étaient pas encore connus.

488. — Personnage barbu coiffé d'une tiare, debout devant un autel sur lequel s'élèvent un arbre (?) et deux hastes. Sujet grossièrement figuré. Pierre de même forme que la précédente.

Sardoine rubanée. — Haut. 0, 030.

(*Acquis en décembre* 1849.)

489. — Personnage debout et barbu, la tête couverte d'une tiare, faisant l'invocation devant un autel sur lequel on voit un cyprès, deux hastes et un astre à huit rayons fixé sur un support. Au-dessus, un croissant. Pierre de même forme que les précédentes.

Sardoine blonde. — Haut. 0, 029.

(*Musée Charles X.*)

SCARABÉES.

490. — Scarabée foré dans le sens de la longueur. Sur la face plane, un animal symbolique ailé tourné à droite.

Pâte bleue. — Long. 0, 016.
(*Musée Charles X.*)

Un scarabée semblable à celui-ci a été découvert dans les fouilles de Khorsabad (voyez plus haut, nº 205, la note relative au bleu de Babylone).

L'existence de scarabées de travail assyrien est un fait extrêmement utile pour l'histoire de l'art. Elle explique comment, sans l'intervention des Egyptiens, desquels il est évident que les Assyriens avaient emprunté ce symbole, le scarabée a pu être importé en Grèce et en Etrurie, où il est certain qu'on en a fabriqué.

491. — Scarabée. Homme marchant derrière un groupe composé d'un lion qui s'élance sur un mouflon. Dans le champ, en haut, un disque.

Pâte bleue. — Long. 0, 015.
(*Musée Charles X.*)

492. — Scarabée foré. Sur la face plane, lion dévorant un taureau.

Agate. — Long. 0, 015.
(*Musée Charles X.*)

493. — Imitation de scarabée. Le côté bombé ne présente pas la forme ordinaire de la tête et des élytres; on y trouve seulement des stries disposées en divers sens. Sur la face plane, un cerf marchant à gauche. Dans le champ cinq cavités irrégulières destinées à imiter

le caractère hiéroglyphique ☥ qui se voit répété dans le champ de quelques scarabées égyptiens et qui équivaut au ΚΑΛΟΣ inscrit sur tant de vases grecs.

Marbre noir. — Long. 0, 024.
(*Musée Charles X.*)

494. — Sceau carré. Personnage à tête de taureau, debout, la main droite armée d'une épée, dont il s'apprête à frapper un lion qu'il a saisi par la crinière.

Albâtre. — Larg. des côtés : 0, 020.

(Collection Clot-Bey; acquis en 1852.)

495. — Sceau. Un rhyton formé de la partie antérieure d'une antilope.

Calcédoine. — Hauteur de la face gravée : 0, 027.

(Acquis en 1849.)

Voyez plus haut le cylindre sur lequel est représenté un personnage qui tient à la main un rhyton, n° 452.

496. — Amulette carrée. Sphinx tourné à gauche, devant lequel est une lance tournée la pointe en bas; le tout gravé en creux.

Revers. Deux serpents *urœus* dressés l'un à côté de l'autre.

Calcaire fin. — Long. 0, 027. — Haut. 0, 023.

La gravure a été remplie d'une couleur verte.

497. — Un petit sceau quadrilatère portant, sur sa face plane, un quadrupède et une plante gravés en creux.

Pâte blanche.

(Khorsabad, fouilles de 1852.)

498. — Amulette de forme carrée portant sur une de ses faces un sujet obscène gravé en creux.

(Khorsabad, 1852.)

499. — Petit sceau en forme de lion couché; la base porte, gravés en creux, une figure d'homme accompagnée de trois caractères hiéroglyphiques.

(Khorsabad, 1852.)

500. — Petit scarabée portant sur sa face plane trois caractères hiéroglyphiques.

(Khorsabad, fouilles de 1852.)

---

501. — Petite figure de patæque, en pâte.

(Khorsabad, 1852.)

502. — Une petite tête d'homme surmontée d'une bélière.
Pâte.

(Khorsabad, 1852.)

503. — Grain de pâte jaune en forme d'olive allongée.

(Khorsabad, 1852.)

504. — Grosse olive aplatie portant sur l'une de ses faces
l'inscription :

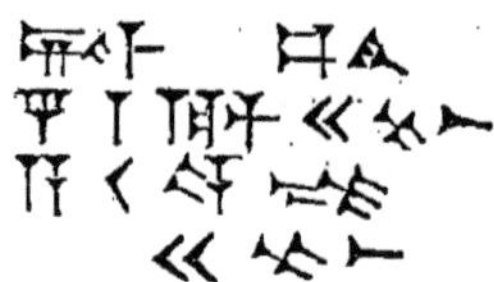

La pierre est percée dans le sens de la longueur.

Agate jaune et blanche. — Long. 0, 024.

(Khorsabad, 1852.)

Cette pierre est fort curieuse, car elle porte le nom de
deux personnages, le premier fils du second, prenant tous
deux le titre de roi du pays d'Assour.

505. — Pierre hémisphérique brisée, sur la face plane de
laquelle se voit l'inscription :

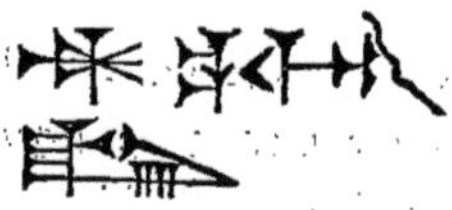

(Khorsabad, 1852.)

506. — Canard couché ; la tête retournée et allongée sur le corps. La pierre est percée dans le sens de la longueur.

Sardoine brune. — Long. 0, 025.

(*Khorsabad*, 1852.)

507. — Tête de serpent avec des yeux en relief. La pierre est percée dans le sens de la longueur.

Agate rose. — Long. 0, 024.

(*Khorsabad*, 1852.)

508. — Jaspe rouge et vert qui a reçu la forme d'une coquille du genre *cône*. La pierre est percée dans le sens de la longueur.

Long. 0, 025.

(*Khorsabad*, 1852.)

509. — Amulette brisée. Sardoine à trois couches ; la partie supérieure porte un globe dans un croissant de couleur brune qui se détache en relief sur un fond gris. La pierre a été percée.

Diamèt. 0, 023.

(*Khorsabad*, 1852.)

510. — Amulette en forme d'œil. Sardoine blonde avec prunelle brune en relief. La pierre est percée dans le sens de la longueur.

Long. 0, 024.

(*Khorsabad*, 1852.)

511. — Autre ; sardoine blanche avec prunelle rouge.

Diamèt. 0, 019.

(*Khorsabad*, 1852.)

512. — Autre; agate grise avec prunelle blanche. La pierre est percée.

> Diamèt. 0, 016.
>
> (*Khorsabad*, 1852.)

513. — Petits fragments de bijoux d'or; grain de cristal au centre duquel est fixée une petite virole d'or.

> (*Khorsabad*, 1852.)

514. — Seize petits bijoux d'or, en feuilles repoussées; anneaux, petites olives et grains cannelés, un anneau de cuivre doré.

> (*Khorsabad*, 1852.)

515. — Quarante-sept petits objets en coquilles taillées, en nacre et en pâte moulée, cylindres, barillets, grains sphériques, médaillons ronds et hexagones; œil dont le blanc est en coquille et la prunelle en jayet, une petite tortue en pâte; trois passants dont un en lapis lazuli percés de trous et destinés à maintenir l'écartement des files d'un bracelet ou d'un collier composé de tous les objets qui viennent d'être indiqués.

> (*Khorsabad*, 1852.)

516. — Treize petits objets de pâte et de coquille; un petit bœuf couché, deux scarabées, imités de ceux d'Égypte (l'un d'eux porte une croix ansée sur la face plane), des fleurons et des rondelles.

> (*Khorsabad*, 1852.)

517. — Vingt grains de formes diverses, pâte jaune, bleue, verte, lapis lazuli, prime d'émeraude, tous percés.

> (*Khorsabad*, 1852.)

518. — Grains de collier en pâte blanche, forme sphérique, olives allongées, cylindres, grains cannelés. La matière est en partie décomposée par l'action du temps.

(Khorsabad, 1852.)

519. — Deux cent vingt-deux petits disques hémisphériques de pâte blanche, grise, jaune, rouge, en forme de graine de mauve; plats en dessous, cannelés en dessus, percés au centre.

(Khorsabad, 1852.)

520. — Dix-huit pions de jeu, en forme de demi-œufs; fond blanc avec des bandes vertes, rouges ou bleues; la partie plane qui forme la base est décorée d'une petite rosace blanche très finement exécutée.

(Khorsabad, 1852.)

521. — Trente-cinq anneaux de pâte blanche et grise, un petit quadrilatère de verre percé dans toute sa longueur et une coquille marine du genre cône, également percée.

(Trouvés à Tell-Guirgor, 1852.)

522. — Quadrilatère de pâte verdâtre, percé dans toute sa longueur; les deux extrémités sont enveloppées de feuilles d'or. Petits grains de pâte blanche et petits cylindres de pâte bleue, tous percés.

(Trouvé à Tell-Guirgor, 1852.)

523. — Un anneau d'or dont les extrémités ne sont pas réunies.

Diam. 0, 05.

(Tell-Guirgor, 1852.)

524. — Trois petites boucles d'oreille en feuilles d'or, travaillées au repoussé. Un petit fragment de bijou d'or.

(Tell-Guirgor, 1852.)

525. — Un barillet de jaspe rouge et noir, cerclé d'or à ses deux extrémités; un barillet d'agate blanche dont une extrémité est enveloppée d'une petite feuille d'or; quatre perles fines, une perle d'or avec bélière; une perle de pâte bleue avec monture d'or. Une fleur à huit pétales en lapis lazuli avec un cœur d'or; deux très petites montures d'or qui ont perdu leur pierre. Un petit fragment de pâte d'émail blanc décoré d'une bande verte chargée d'une rosace blanche.

(Khorsabad, 1852.)

526. — Dix pierres, sardoine et quartz blanc, taillées en grains sphériques, en rouelles et en olives aplaties. Ces pierres sont percées.

(Khorsabad, 1852.)

527. — Quatre morceaux de cristal de roche; deux prismes, un grain et un fragment irrégulier. Les trois premiers sont percés.

(Fouilles de 1852.)

528. — Cinq fragments de lames d'obsidienne.

Ces morceaux d'obsidienne sont exactement semblables à ceux que préparaient les anciens Mexicains (Voy. ceux qui sont conservés dans la collection des antiquités américaines du Louvre, sous les nᵒˢ 597 et 598).

529. — Une pierre à repasser les instruments tranchants. Elle est percée à l'une de ses extrémités.

Long., 0, 094.

(Khorsabad, fouilles de 1852.)

830. — Coquillages parmi lesquels on distingue des buccins, des conovales, des cérithes et trois *cauris*.

(Fouilles de Khorsabad, 1852.)

La présence de *cauris*, coquille qui provient des mers de l'Inde, est un fait extrêmement curieux. Les autres coquillages marins étaient apportés de la Méditerranée et placés comme des objets précieux dans les fondations des édifices. C'est ainsi que dans les tombeaux grecs de la Cyrénaïque et dans les tombeaux antiques du Pérou, on a trouvé des coquillages mêlés à des ornements et à des ustensiles.

MONUMENTS DE KOYOUNDJEK.

Le monticule de Koyoundjek est situé dans l'enceinte même de Ninive, sur la droite du Khausser; l'édifice qu'il renferme a été construit, vers l'extrémité nord de la ville, par le fils du roi qui a élevé Khorsabad. Cette notion résulte de l'examen des inscriptions et des briques. Le style des monuments de Koyoundjek est un peu plus récent en effet que celui des sculptures trouvées dans les autres palais. On peut s'en convaincre en considérant les bas-reliefs de Koyoundjek déposés au Musée Britannique, ou les planches publiées par M. Layard, qui les représentent très fidèlement. L'Académie royale d'histoire de Madrid possède aussi quelques beaux fragments de la même provenance, qu'elle doit à la munificence de Don A. Lopez de Cordova, ambassadeur d'Espagne à

Constantinople. M. Botta ayant abandonné les fouilles de Koyoundjek sans être parvenu au point qui recélait les morceaux importants (voyez plus haut *Relation*, page 6), le Musée du Louvre n'a reçu jusqu'à présent qu'une inscription très mutilée et quelques briques, débris très intéressants, toutefois, puisqu'ils appartiennent à l'antique capitale du royaume d'Assyrie.

531. — Dalle de gypse brisée à sa partie supérieure; elle porte encore onze lignes de caractères cunéiformes.

Haut. 0, 30. — Larg. 0, 45.

Une dalle portant le même texte, sans lacunes, existe au Musée Britannique. Elle a été publiée dans l'ouvrage intitulé : *Inscriptions in the cuneiform characters from assyrian monuments discoverd by* M. A. H. Layard, London 1851, in-f°.

532. — Grande brique portant une inscription en cinq lignes, qui contient le nom et les titres de ⟨cunéiformes⟩ roi du pays d'Assour ⟨cunéiformes⟩.

⟨inscription cunéiforme sur cinq lignes⟩

0, 34 de côté.

533. — Autre; inscription en cinq lignes.

0, 47 de côté.

534. — Autre; lisse sur les grandes faces et portant

deux lignes de caractères cunéiformes sur la tranche.

0, 32 de côté.

535. — Autre avec l'inscription suivante :

MONUMENTS DE CHYPRE.

---

556. — Coupe d'argent décorée de frises dorées sur lesquelles sont gravés en creux les sujets suivants :

Première frise. Un cavalier au galop tenant un fouet de la main droite ; un cavalier au galop tenant une longue lance, dont la pointe est dirigée vers la terre ; un cavalier vêtu d'une cuirasse formée d'écailles, marchant au pas et tenant un fouet posé sur son épaule droite, deux oiseaux volent autour de lui. Viennent ensuite trois fantassins couverts d'un vêtement quadrillé, portant sur l'épaule droite une lance, et tenant de la main gauche un grand bouclier rond ; chacun d'eux est précédé par un oiseau qui vole (en cet endroit, le vase présente une fracture : l'espace qu'elle occupe devait être rempli par les figures de cinq fantassins) ; un dernier soldat, tout semblable à ceux qui viennent d'être décrits, précède immédiatement un char traîné par deux chevaux marchant au pas, que conduit un aurige armé d'un fouet. Sur le char, dont la caisse est ornée d'une figure d'aigle, se tient debout le roi, vêtu d'une tunique quadrillée, la tête ceinte d'une tiare pointue de forme basse, portant un sceptre de la main droite et posant la gauche sur la hampe d'un grand parasol qui le couvre. Derrière le char, marche un personnage vêtu d'une longue tunique quadrillée, ouverte par devant, le dos chargé d'un carquois, portant une lance sur l'épaule droite et tenant un arc et des flèches dans la main gauche; il est suivi par deux soldats vêtus d'une tunique très courte, tenant de la main droite des flèches et de la gauche un arc. Viennent ensuite cinq cavaliers, allant au pas : le premier porte un fouet sur l'épaule droite; les deux suivants agitent leur fouet; le quatrième tient une lance en arrêt, la pointe en haut; le dernier porte sa lance sur l'épaule droite. Trois oiseaux les accompagnent en volant. La scène est terminée par un jeune nègre conduisant à la longe un dromadaire et tenant un bâton dans la main gauche; deux oiseaux volent au-dessus. La fin de la frise est marquée par un arbre. Treize plantes ou fleurs, parmi lesquelles on reconnaît des lotus, sont distribuées entre les personnages.

Deuxième frise. Plante sacrée composée de rinceaux et de fleurs. Personnage nu, imberbe, les reins entourés d'un *subligaculum*, posant le pied gauche sur le corps d'un griffon ailé qu'il a saisi par une de ses aigrettes, et qu'il perce de son épée. Le griffon, ainsi attaqué, soulève ses pattes de derrière à la hauteur de la tête de son ennemi. Une plante sacrée sépare ce groupe d'un personnage barbu, muni de quatre ailes éployées, la tête couverte d'une tiare conique basse, vêtu d'une tunique longue, ouverte par devant et ornée d'écailles, lequel perce de son épée un lion dressé devant lui, dont il retient une patte à l'aide de la main gauche. La frise reproduit six fois le combat contre le griffon, cinq fois le combat contre le lion et onze fois la plante sacrée.

La *troisième frise*, qui est très étroite, est décorée d'une rangée de boutons de lotus, accompagnés d'une double dentelure. La quatrième montre une guirlande de fleurs de lotus. Le fond de la coupe est occupé par un médaillon tout chargé d'étoiles dont les rayons, en formes de pétales, entrent dans la composition des étoiles voisines.

Argent. — Diam. 0, 195.

Ce beau vase, découvert dans les ruines de l'antique Cittium, dont le nom tout sémitique כתים s'accorde parfaitement avec l'origine chaldéenne que révèlent ses monuments, et à laquelle se rapporte très certainement ce passage d'Alexandre d'Ephèse : Βήλου δ'αὖ Κιτιόν τε καὶ ἱμερύεσσα Λάπηθος (Etienne de Byz. verb. Λάπηθος), a été recueilli par M. Tastu, consul de France à Larnaca, et donné au Musée, par M. de Saulcy, en 1851. Les bas-reliefs de Némrôd nous montrent le roi d'Assour tenant à la main des coupes de la même forme (Voyez Layard, *The Monum. of Nineveh*, pl. 5, 12, 53). De belles coupes d'argent doré trouvées dans les tombeaux de Ceri ou Agylla, qui ont excité l'attention du monde savant, sont, tant pour la forme que pour les ornements, analogues à celles qui ont été trouvées à Larnaca. Dès l'année 1843, M. Raoul-Rochette avait reconnu que les vases de Ceri appartiennent à un art asiatique, et il n'a pas hésité à déclarer que cet art est celui de l'Assyrie (*Journal des Savants*, 1843, p. 322, sq. et 543 sq.; *Annal. de l'inst. archéol.*, 1847, t. XIX, p. 243). Cette opinion, que partageait M. Félix Lajard (V. *Annal. de l'inst. archéol.*, t. XIX, p. 59), se trouve confirmée de la façon la plus complète comme la plus inattendue par la trouvaille de Cittium. Ici ce ne sont plus seulement des sujets symboliques : on voit le roi dans un char, abrité par un parasol; la plante sacrée et la lutte avec le lion. Afin de faire plus facilement saisir les rapports nombreux de cette coupe avec les autres ouvrages d'art recueillis dans le sol même de l'Assyrie, nous donnons ici l'indication des monuments de Khorsabad et de Némrôd qui représentent les mêmes sujets :

Cavaliers tenant un fouet (Botta, *Mon. de Nin.*, pl. 108).

— Guerriers armées de cuirasses formées d'écailles (*Ibid.*, pl. 77, 99; Layard, *The Mon. of Nin.*, pl. 18, 19, 20, 28). — Fantassins armés du bouclier rond (Botta, *Mon. de Nin.*, pl. 95, 97; Layard, *The Mon. of Nin.*, pl. 17, 49, 70). — Le char du roi, le roi abrité sous un parasol (Botta, *Mon. de Nin.*, pl. 54, 63, 100, 113, 139, 142; Layard, *The Mon. of Nin.*, pl. 23, 72, 80). — Archers avec tuniques courtes (Botta, *Mon. de Nin.*, pl. 93, 145; Layard, *The Mon. of Nin.*, pl. 14, 26, 78). — Dromadaires (Botta, *Mon. de Nin.*, pl. 98; Layard, *The Mon. of Nin.*, pl. 61). — Oiseaux volant parmi les guerriers, etc. (Botta, *Mon. de Nin.*, pl. 108, 112; Layard, *The Mon. of Nin.*, pl. 14, 18, 20, 26). — Plante sacrée (Botta, *Mon. de Nin.*, pl. 119, 139; Layard, *The Mon. of Nin.*, pl. 6, 7, 8, 9, 25, 47, 49). — Le roi perçant un lion (Layard, *The Mon. of Nin.*, pl. 8, 49).

Quant aux coupes de Ceri, on y trouve des cavaliers exactement semblables à ceux du vase de Larnaca; des guerriers à pieds armés de lances et de boucliers; des oiseaux qui volent, des lions qui dévorent le taureau, des chars, et enfin une montagne dont les aspérités sont exprimées par un travail régulier formant des écailles, particularité qui se remarque dans les bas-reliefs du Louvre, décrits plus haut sous les nᵒˢ 34, 36, 37. Cette manière d'exprimer les montagnes est tout assyrienne; on en a trouvé de nombreux exemples à Khorsabad, à Némrôd, à Koyoundjek. Les coupes de Ceri offrent aussi, comme celles de Larnaca, des arbres et des plantes entremêlés avec les personnages (V. Luigi Grifi, *Monumenti di Cere antica*, Rome, 1841, *tav.* 5, 8, 9, 10).

On peut croire qu'il a existé à Larnaca comme à Ceri quelque riche tombeau dans lequel auront été déposés les vases récemment rendus au jour. Le nom même du lieu, qui paraît venir de λάρναξ, donne quelque probabilité à cette supposition. Sur le sens de λάρναξ, Cf. Thucydide, *de Bell. Pelop.*, 2.

537. — Coupe d'argent entièrement dorée à l'intérieur, et ornée de sujets en relief.

Au centre, on voit le roi vêtu d'un habit court, ayant un collier et des bracelets, la tête surmontée de deux plumes droites entre deux *ureus*, brandissant de la main droite une masse d'arme, tenant de la gauche un arc (1), deux flèches et en même temps la chevelure

(1) L'arc était, chez les Assyriens, l'arme par excellence, celle que porte le roi, et l'attribut du Grand-Dieu. C'est encore là une idée adoptée par les Perses, ainsi que le prouvent les monuments. La réponse de Préxaspe.

de trois vaincus prosternés ou accroupis à terre qu'il s'apprête à frapper. L'un d'eux est nu et imberbe, les deux autres sont barbus et vêtus de longues tuniques. Ils représentent des peuples conquis, ou peut-être l'Orient, le Sud et le Nord; devant le roi un épervier ou un aigle qui vole; au-dessus un disque solaire ailé. Derrière ce groupe, un homme barbu, la tête ornée de deux plumes, tenant une lance de la main droite, et de la gauche un arbre, porte sur l'épaule droite un cadavre couvert d'une cotte de mailles, dont les bras et la longue chevelure pendent en arrière.

La frise étroite qui entoure le médaillon central que nous venons de décrire représente cinq sphinx ailés à tête humaine, posant une patte antérieure sur la tête d'un homme étendu à terre, groupe alternant avec cinq griffons ailés à tête d'épervier, posant de même une patte de devant sur la tête d'un homme couché. Une fleur de lotus termine la frise. Le type du sphinx foulant sous ses pieds une figure humaine renversée, est connu sur un scarabée égyptien qui porte en outre le cartouche d'un Thoutmès de la dix-huitième dynastie.

Dans une large frise qui borde la coupe, on voit douze groupes exécutés en relief assez fort.

C'est d'abord Hercule couvert de la dépouille du lion luttant contre un grand lion qui se dresse devant lui (répété deux fois).

Puis le personnage imberbe perçant de son épée un griffon ailé, sujet exactement semblable à celui qui se remarque dans la deuxième frise de l'autre coupe (répété quatre fois).

à Cambyse : « Seigneur, je ne crois pas que le Dieu lui-même puisse tirer si juste » (Hérodote, III, 35), se comprend d'autant mieux, que l'on sait maintenant, grâce aux sculptures, que ce dieu était figuré comme un archer.

Vient ensuite un Hercule de petite taille portant sur ses épaules un lion vivant et tenant par le cou un grand oiseau (autruche?) qui marche devant lui. (1) (répété deux fois).

Puis un personnage imberbe, vêtu d'un *subligaculum*, le cou orné d'un collier, la tête nue, perçant de son épée un lion dont il a saisi une patte de devant (répété deux fois).

Enfin un Hercule de grande taille portant un lion sur ses épaules (répété deux fois).

Dans cette frise, on remarque encore trois arbres coniques qui paraissent des cyprès.

Diamètre, 0,185.

(*Acquis en* 1853.)

L'attitude donnée, dans le médaillon central, au roi qui frappe des peuples vaincus, aussi bien que les détails de la coiffure royale, rappellent, d'une manière surprenante, les bas-reliefs égyptiens sculptés sur tant de monuments.

Nous citerons entre autres les bas-reliefs de Ouadi-Magara, dans la presqu'île du Sinaï, représentant les rois Senefrou et Souphis de la quatrième dynastie, le roi Sahoura de la cinquième (Voyez le grand ouvrage de M. Lepsius : *Abtheil*, II, pl. 2 et 39) et le roi Phiops de la sixième dynastie (*Ibid.*, pl. 116). Mais, dans ces monuments, les rois tiennent à la main une lance et non pas un arc, arme que portent les princes de la dix-huitième et de la dixneuvième dynasties (Voyez Lepsius , *Abtheil*, III, pl. 61, 69, 81, 139, 140, 144). Les coupes de Larnaca ne nous paraissent pas toutefois remonter aux siècles reculés auxquels ces dynasties appartiennent. Cependant elles ont un caractère d'antiquité qui pourrait les faire attribuer à une époque antérieure à celle où vécurent Sargon et Sennachérib. Les rois égyptiens de la dix-huitième et de la dixneuvième dynastie, en attaquant fréquemment les habitants de la Mésopotamie, avaient dû laisser sur les bords du Tigre et de l'Euphrate, une haute idée de leur puissance, et les rois d'Assyrie auront emprunté à leurs redoutables voisins, un type qui exprime si énergiquement la force et la victoire.

(1) Hercule-Pygmée, saisissant un grand oiseau par le cou, se voit sur plusieurs vases peints de travail grec.

Le personnage qui, derrière le roi, porte sur l'épaule un cadavre, a la tête surmontée de deux plumes, genre d'ornement qui distingue aussi le peuple mésopotamien nommé *Revou*, dans les peintures des tombes royales d'Égypte.

En considérant ces coupes d'argent, d'origine bien évidemment asiatique, on se rappelle encore ce vase d'argent travaillé, qu'Achille propose pour prix de la course, aux funérailles de Patrocle, vase qui surpassait tout en perfection, que d'habiles artistes sidoniens avaient exécuté avec soin et que des Phéniciens avaient apporté par mer et offert à Thoas (*Iliad.*, XXIII, 740, sq.). Ce n'est pas seulement en Asie-Mineure et en Grèce que le commerce transportait des vases fabriqués en Phénicie et en Assyrie. Les Phéniciens, ces intrépides navigateurs qui vendaient de la poterie jusque dans les îles Sorlingues (Strab., III, p. 175), ont introduit des ouvrages de l'art asiatique en Italie.

L'origine orientale des coupes d'argent doré, découvertes en Italie, peut être considérée comme démontrée ; en premier lieu par la découverte de Larnaca et, tout récemment encore, par la trouvaille qu'a faite, sur les bords du Tigre, M. Layard, le savant explorateur de Némrôd. M. Layard a recueilli en effet, dans les ruines de cet édifice, plus de vingt coupes de bronze qui ont avec les coupes d'argent d'Agylla et de Larnaca, la plus frappante analogie. Ainsi, par exemple, le fond de deux des coupes de Némrôd offre un médaillon orné d'étoiles exactement semblable à celui qui se voit dans la coupe donnée au Louvre par M. de Saulcy. Une autre coupe de Némrôd représente un roi qui s'apprête à frapper un ennemi prosterné, comme sur la coupe nouvellement achetée par le Musée. Une troisième coupe de bronze nous montre des *ibex* ou antilopes, courant sur des montagnes parmi les arbres, et ce sujet existe sur une des coupes d'argent d'Agylla.

Quant aux coupes d'Agylla ou de Ceri, leur ressemblance avec celles de Larnaca est extrême ; car on y trouve des cavaliers dans la même attitude, des guerriers à pied armés de lances et de boucliers ronds, des oiseaux qui volent au-dessus de ces figures ; enfin, des arbres et des plantes alternant avec les personnages.

Tous les doutes que l'on avait pu concevoir sur l'origine asiatique et la haute antiquité des vases d'Agylla, s'évanouissent à la vue des coupes de Larnaca trouvées avec un grand monument de la sculpture assyrienne. D'ailleurs, il est impossible de séparer maintenant les coupes d'argent de Chypre, des coupes de bronze de Némrôd, dont on n'essayera pas de contester l'âge et la provenance. On devra donc considérer comme un fait acquis à la science l'existence de monuments de fabrication purement asiatique en Italie. Il faudra encore tenir compte de ce fait, que plusieurs des vases trouvés à Némrôd par M. Layard, offrent des rangées processionnelles d'animaux, tels que des lions, des sphinx, des moufflons, des taureaux, système de décoration qui a été employé pour ces vases de style si ancien, qu'on découvre à Corinthe, dans les îles de la Grèce, et dans toute l'Étrurie. Nous avions depuis longtemps la conviction que ces vases peints étaient des emprunts faits à l'industrie asiatique. M. Layard nous a fourni la preuve que nous attendions. Maintenant qu'on peut se faire une idée des vases de métaux que les Phéniciens portaient aux Grecs à l'époque d'Homère, on comprend comment s'est faite l'éducation des artistes helléniques, et l'on s'explique comment ils ont été conduits à introduire dans leurs œuvres, des types, des combinaisons, des symboles, qui étaient évidemment étrangers à leur nationalité, ainsi que le déclare Aristote à propos du peplus d'Alcisthène de Sybaris.

MONUMENTS BABYLONIENS.

538. — Figure de prêtre. Il est vêtu d'une longue tunique ornée de quatre rangs de franges. Ses cheveux sont réunis en masse derrière sa tête, qui est coiffée d'une tiare munie de cornes de taureau. Il tient des deux mains, par les pieds, un petit ibex appliqué contre sa poitrine.

Bronze. — Haut. 0,130.

Cette figure a été trouvée à Hillah en 1850, et donnée au Musée par M. Fonfride en décembre 1851.

Jusqu'ici les ouvrages de bronze d'origine babylonienne sont extrêmement rares. Deux petites figurines, publiées par Sir Robert Ker Porter, étaient tout ce qu'on en connaissait. La statuette de prêtre rapportée par M. Fonfride du lieu même où s'élevait la célèbre ville de Sémiramis, alors même qu'on n'en saurait pas la provenance par le témoignage d'un voyageur digne de foi, pourrait être facilement

classée à sa véritable place, tellement son type est identique à celui des personnages sacerdotaux gravés sur les cylindres babyloniens. On trouvera dans la collection du Musée plusieurs monuments qui justifient cette assertion. Nous
citerons entre autres les cylindres décrits ci-après sous les
nos 542, 548, 550, et notamment les nos 549 et 553, qui représentent un prêtre portant entre ses bras un ibex. La tiare
babylonienne est toujours fort différente de celles des Assyriens.

539. — Bélier couché, tourné à gauche; ses jambes sont
repliées en dessous.

> Bronze. — Haut. 0, 050. — Long. 0, 065.
>
> (*Donné par M. Fonfride en 1851.*)

540. — Cylindre. Personnage dont la tête double présente un profil humain et un profil d'oiseau, muni en
outre de cornes de taureau et coiffé d'une tiare, debout
sur une estrade entre deux autels. Il tient une palme
de la main droite, et des flammes s'élancent de ses
deux épaules. De chaque côté de cette figure, des prêtres scellent un battant de porte roulant sur des gonds
très apparents. Ces deux prêtres, qui portent des cornes de taureau, se retournent vers une hampe surmontée d'un astre et d'un croissant.

> Jaspe vert foncé. — Haut. 0, 033.
>
> (*Acquis en octobre 1850.*)

541. — Cylindre. Figure entièrement nue, debout, munie
de trois ailes, tournée vers deux divinités montées sur
des monstres semblables à des crocodiles ailés. L'une
de ces divinités a des cornes de taureau, porte sur une
main un cône et tient de l'autre un fouet; la seconde
a les deux mains élevées et des rayons horizontaux
partent de sa tête. Dans la partie supérieure du champ,
un astre.

> Jaspe vert. — Haut. 0, 036.
>
> (*Acquis en octobre 1850.*)

542. — Cylindre. Figure assise à droite, tenant de la main gauche un objet ovoïde (voy. la description du bas-relief n° 27), devant laquelle est un petit quadrupède; au-dessus, un disque solaire posé sur un croissant. En face, un personnage imberbe et la tête rasée, debout, l'épaule gauche découverte, tient un rameau à deux branches. Derrière, une très petite figure humaine, posée de face et les genoux écartés, suivie d'un personnage en robe longue à franges, levant les deux mains en signe d'invocation. Trois lignes de caractères cunéiformes.

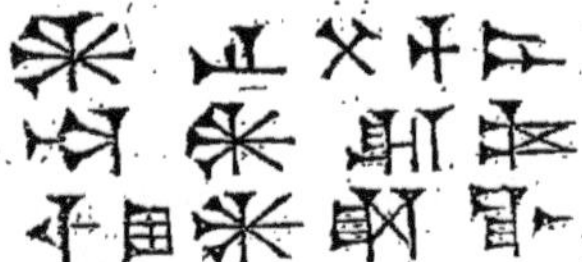

Fer oligiste. — Haut. 0, 023.
(*Acquis en juillet 1849.*)

543. — Cylindre. Personnage barbu assis; au-dessus, un astre posé sur un croissant. Devant, trois personnages debout; le premier a la tête rasée; le second, coiffé d'une tiare et vêtu d'une longue robe, lève les mains en signe d'invocation; le troisième a un ajustement très court. Inscription composée de sept caractères cunéiformes.

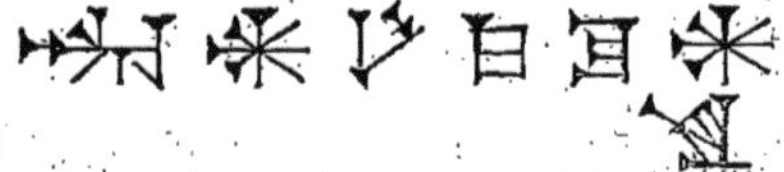

Fer oligiste. — Haut. 0, 026.
(*Musée Charles X.*)

544. — Cylindre. Femme entièrement nue posée de face. Près d'elle un personnage coiffé d'une tiare élevée, vêtu d'une robe ouverte laissant à découvert une jambe qui pose sur un tabouret; de la main droite il tient une palme. En haut du champ, on voit un croissant. Vis-à-vis du premier groupe se tiennent deux hommes, le premier en habit court, le second vêtu

d'une robe longue, la tête ceinte de bandelettes, et
faisant le geste de l'invocation.

Hématite. — 0, 024.
(*Acquis en octobre* 1850.)

545. — Cylindre. Figure debout, tournée à droite, levant
la main en signe d'invocation. Trois lignes de caractères cunéiformes.

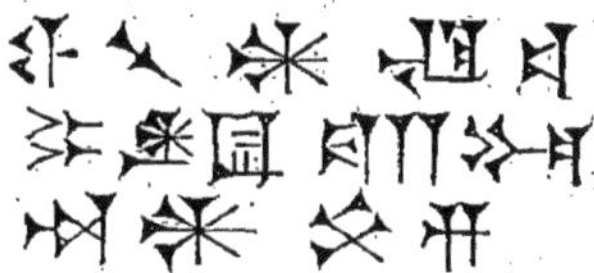

Jaspe vert foncé. — Haut. 0, 023.
(*Acquis en juillet* 1849.)

546. — Personnage debout, tourné à droite, vêtu d'une
longue robe, la tête coiffée d'une tiare, élevant les
deux mains en signe d'invocation vers un astre posé
au-dessus d'un croissant. En face, un second personnage en costume militaire, élevant une main en signe
d'invocation. Trois lignes de caractères cunéiformes.

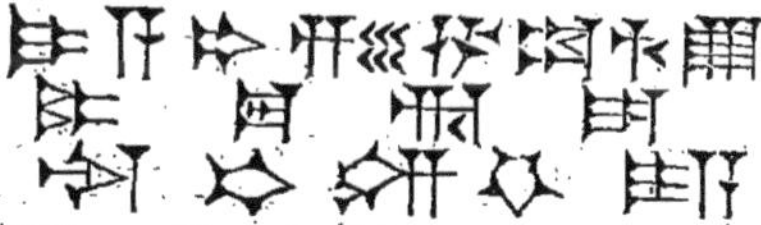

Hématite. — Haut. 0, 023.
(*Acquis en juillet* 1849.)

547. — Cylindre. Personnages semblables aux précédents, entre lesquels se dresse un animal; derrière,
buste de l'oiseau Nesrok, posé sur une sorte de colonne près de laquelle se tient debout un troisième
personnage en robe longue. Trois lignes de caractères
cunéiformes.

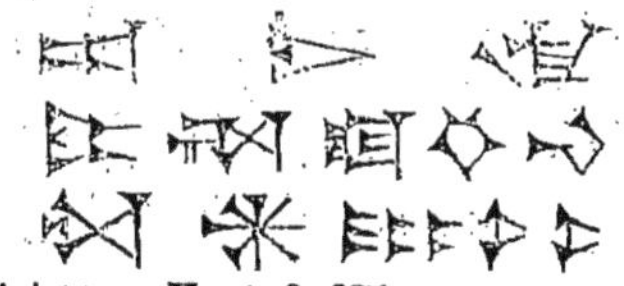

Fer oligiste. — Haut. 0, 027.
(*Acquis en juillet* 1849.)

548. — Cylindre. Personnage vêtu d'un habit court, debout en face d'un second personnage coiffé d'une tiare à cornes de taureau, vêtu d'une tunique longue à six rangs de franges, élevant les deux mains en signe d'invocation. Entre eux un singe (?) posé de face ; et, en haut, un croissant. Derrière la figure à longue robe, un lion assis, au-dessus duquel sont une arme et deux crosses. Inscription en deux lignes.

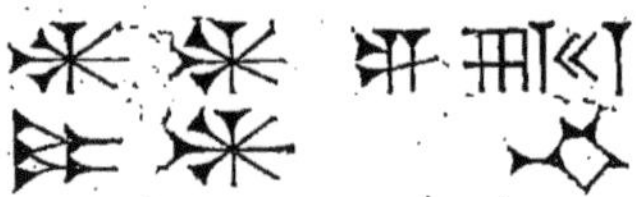

Fer oligiste. — Haut. 0, 023.

(Acquis en octobre 1850.)

549. — Cylindre. Deux groupes : personnage debout, tourné à droite, vêtu d'une longue robe ouverte qui laisse à nu l'une des jambes ; tenant une arme, en face d'une autre figure mitrée, aussi debout, portant dans ses bras un ibex (voy. la description du bas-relief n° 10) ; au-dessus, un astre. Figure mitrée, vêtue d'une robe longue à franges, élevant les deux mains en signe d'invocation vers un disque solaire posé sur un croissant ; vis-à-vis, un personnage en costume militaire, devant lequel est un petit quadrupède qui se dresse.

Fer oligiste. — Haut. 0, 024.

(Acquis en juillet 1849.)

550. — Personnage debout coiffé d'une tiare à cornes de taureau, vêtu d'une longue robe ornée de trois rangs de franges, étendant la main en signe d'invocation, au-dessus de lui, un globe sur un croissant. Un personnage en habit court, la main posée à sa ceinture, est placé vis-à-vis du premier et suivi par un troisième qui est vêtu d'une longue tunique et fait le geste de l'invocation ; dans le champ, une petite figure de capricorne (partie antérieure d'un ibex avec une queue de poisson).

Fer oligiste. — Haut. 0, 022.
(*Acquis en décembre* 1849.)

551. — Cylindre. Personnage debout vêtu d'une longue robe ornée de six rangs de franges; quatre rayons sortent de ses épaules. Devant lui, un homme armé d'une épée s'apprête à percer un autre personnage renversé sur un rocher ou autel irrégulier. Le meurtrier a saisi par un pied sa victime, qui laisse échapper une arme recourbée et qui est en outre attaquée par un oiseau de proie. Devant le personnage en longue robe on voit une toute petite figure, et derrière, un serviteur, dont les traits rappellent la race africaine, tenant un parasol fermé. Dans le champ, les deux caractères ◁┬.

Jaspe sanguin. — Haut. 0, 026.
(*Acquis en octobre* 1850.)

552. — Cylindre. Personnage à cornes de taureau debout, tourné à droite, au-dessus duquel est un disque posé sur un croissant; vis-à-vis, deux figures debout en robes longues; la première lève la main en signe d'invocation. Dans le champ, une lance et un caducée.

Fer oligiste. — Haut. 0, 017.
(*Acquis en juillet* 1849.)

553. — Cylindre. Trois personnages marchant processionnellement. Le premier, vêtu d'une stola à franges ouverte par devant, qui laisse une jambe à découvert, porte un ibex entre ses bras. Le second, vêtu d'une tunique courte, tient de la main droite une tige de

pavot munie de cinq capsules; de la gauche il élève
une arme (?). Le troisième porte sur l'épaule un fouet.

Fer oligiste. — Haut. 0, 020.

(*Acquis en octobre* 1850.)

554. — Cylindre. Homme debout, tourné à gauche; il est
vêtu d'une courte tunique recouverte d'une stola ornée
de franges, entièrement ouverte par devant. Le bras
gauche est pendant; la main droite est placée dans la
ceinture. Cette figure est isolée et le champ du cylindre
entièrement lisse.

Fer oligiste. — Long. 0, 026.

(*Acquis en décembre* 1849.)

555. — Sceau. Dagon de face, le corps terminé en queue
de poisson, la tête ceinte de bandelettes; au-dessus,
un astre.

Calcédoine blonde. — Haut. de la face gravée : 0, 018.

(*Musée Charles X.*)

MONUMENTS PERSES.

556. — Tête de taureau travaillée au repoussé en pièces
rapportées à la soudure. Les yeux et le poil sont exprimés par des globules appliqués après coup. Les
cornes, très allongées, sont rapprochées par le sommet

et forment un anneau ; elles sont percées de six trous.

Or. — Diam. de l'anneau, 0, 065. — Haut. 0, 065.

(*Musée Charles X.*)

Cette tête appartenait à une figure de taureau couché les jambes repliées en dessous, qui provenait de la collection de Caylus. Le corps a été volé au Louvre le 29 juillet 1830. Suivant Caylus, qui l'a publié dans son *Recueil d'antiquités*, t. II, 1ʳᵉ partie, pl. XI et p. 42, ce monument a été trouvé entre Lacédémone et Amyclée, et le savant antiquaire pensait que c'est un ouvrage perse, le grènetis destiné à exprimer les poils lui paraissant avoir beaucoup de rapport avec les *petites boucles* des colosses de Persépolis, qu'il ne connaissait que par la description de Corneille van Bruyn.

557. — Partie antérieure d'un taureau dont les jambes sont repliées. Les cornes sont roulées en spirale et vernissées en noir. Les poils de la crinière ont reçu une teinte brune. Ce fragment, qui rappelle les chapiteaux de Persépolis et ceux du tombeau de Nakschi Roustem, a servi à décorer le goulot d'un vase.

Terre émaillée en vert pâle. — Haut. 0, 045.

(*Collection Clot-Bey; acquis en 1852.*)

558. — Cône ovoïde. Sur la face plane, Darius tenant de chaque main par l'aigrette un griffon ; au-dessus, un disque ailé. Dans le champ, un astre et un (lézard?).

Sardoine rubanée. — Diam. 0, 025.

(*Musée Charles X.*)

559. — Cône ovoïde. Darius tenant de la main droite une antilope par la corne. Derrière le roi un serpent dressé; derrière l'antilope un palmier, au-dessus, un croissant. Dans le champ, le symbole κτείς.

Sardoine. — Diam. 0, 025.

(*Musée Charles X.*)

La comparaison de ces deux magnifiques cônes avec le

cylindre de Darius conservé au Musée Britannique permet
de décider que les pierres gravées décrites ici, représentent
le fils d'Hystaspe. Sur le cylindre qui porte le nom du roi
en trois langues, Darius est représenté près d'un palmier et
lançant une flèche contre un lion.

560. — Cylindre. Xerxès, debout, la tête ceinte d'une
couronne et vêtu de la robe à plis particulière aux
Achéménides, luttant, de la main droite, contre un
sphinx ailé à tête de taureau (?), et de la main gauche,
contre un second sphinx ailé à tête de lion (?). Après
ce groupe, on voit un autel, au-dessus duquel est un
symbole. Des cassures, qui paraissent avoir été opé-
rées systématiquement, rendent très difficiles à reconnaître ce symbole ainsi que la tête des deux animaux
que combat le roi. La comparaison de ce cylindre avec
les sculptures de Persépolis permet d'affirmer que le
personnage représenté ici est Xerxès.

Agate grise. — Haut. 0, 024.

Cette pierre gravée, trouvée à Synnada de Phrygie, aujourd'hui Karahissar, par M. W.-H. Waddington, a été
donnée par cet antiquaire au Musée en 1851.

Les sculptures de Persépolis nous montrent tant d'images
de Xerxès (entre autres celles qui portent le nom de ce
prince inscrit dans les plis de son vêtement), que sa physionomie est devenue en quelque sorte familière aux archéologues.

561. Cylindre. Xerxès, barbu, debout, la tête ceinte d'une
tiare, tenant une épée courte de la main droite, et tendant de l'autre main un diadème à un second personnage
barbu qui en saisit l'extrémité. Ce dernier, aussi barbu et
debout, portant sur l'épaule un carquois auquel pend
un groupe de petites flèches, plonge son épée dans le
corps d'un sphinx ailé à tête humaine, qui se dresse
devant lui.

Cristal de roche. — Haut. 0, 024.

(*Acquis en décembre 1849.*)

562. — Scarabée. Sur la face plane, un vautour perché sur la croupe d'un mouflon couché, devant lequel est une fleur.

Sardoine blanche. — Long. 0, 018.

(*Musée Charles X.*)

Le sujet représenté sur ce scarabée est exactement celui qui forme le type de belles monnaies d'argent, sur l'une desquelles on lit **APYAN**, et que **M. Ch.** Lenormant a attribuées, avec toute raison, à **Aryandès**, satrape de **Darius**. (Voyez duc de Luynes, *Numismatique des satrapies*, pl. **XVI**, nᵒˢ 46 et 47.)

563. — Sceau. Tête barbue tournée à gauche; autour est gravée la légende ⊥ Λ Ⅎ ϯ Γ Ξ Λ Δ Π

Sardoine brune.

(*Collection Durand.*)

Cette pierre peut avoir été gravée, soit vers la fin de la dynastie achéménide, soit sous les rois parthes arsacides.

564. — Sceau. Cavalier parthe perçant de sa lance un axis qui fuit devant lui. Style arsacide.

Jaspe blanc. — Long. 0, 029.

(*Acquis en décembre 1849.*)

565. — Sceau. Cerf couché, derrière lequel s'élève une grande fleur. Style arsacide.

Calcaire foncé à grain fin. — Diam. 0, 019.

(*Acquis en octobre 1850.*)

566. — Arbre entre deux chèvres accompagnées de leurs chevreaux, sujet gravé sur la base d'un cône sphéroïdal. Style arsacide.

Sardoine saphirine. — Diam. 0, 022.

(*Acquis en décembre 1849.*)

567. — Sceau. Buste d'homme tourné à gauche; la tête est diadémée; le vêtement qui recouvre la poitrine est brodé de fleurons; autour, est gravée une légende en caractères pehlvis.

Agate rubanée.

(*Collection Durand.*)

Ce cachet a été gravé au IVe siècle de l'ère chrétienne, sous la dynastie sassanide.

568. — Sceau. Aigle éployé attaquant un axis agenouillé. Style sassanide.

Sardoine brune.

(*Collection Durand.*)

569. — Sceau. Mouflon agenouillé détournant la tête vers un astre. Style sassanide.

Sardoine rubanée.

(*Collection Durand.*)

570. — Sceau. Chèvre agenouillée tournée à gauche. Style sassanide.

Calcédoine blanche.

(*Collection Durand.*)

571. — Sceau. Même sujet. Style sassanide.

Cornaline.

(*Collection Durand.*)

572. — Sceau hémisphéroïdal. Deux mouflons. Style sassanide.

Jaspe vert.

(*Collection Durand.*)

MONUMENTS DE LA JUDÉE.

873. — Sarcophage. Le couvercle, hémicylindrique, légèrement évasé à sa base, est encadré par une moulure. Au sommet de ce couvercle, règne, dans toute la longueur, une bande décorée de rinceaux dans les enroulements desquels se répètent, à partir d'une rosace centrale et en allant vers les extrémités, les représentations suivantes :

Des glands d'yeuse accompagnés de feuilles ; des fruits de ricin, trois lis, fleur à huit pétales ouverte, raisin à grains allongés, feuille de pampre et raisin à petits grains. Cette bande est entourée d'une large guirlande d'olivier avec fruits, comprise entre deux torsades. Au-dessous de cette guirlande, règne un bandeau orné de rinceaux formés de tiges de divers arbres ou plantes, chargés de fruits et de fleurs. On y remarque des grappes de raisin, des roses, des lis, des coloquintes, des grenades, des cédrats, des glands, des amandes, des citrons.

L'extrémité verticale du couvercle est ornée d'une fleur accompagnée de grands feuillages très analogues à l'acanthe, placée entre deux de ces rosaces composées d'un bouton saillant au centre d'un anneau, semblables à celles qui se voient sur un grand nombre de monuments assyriens décrits dans cette notice, et aussi sur la façade d'un temple représenté dans un des bas-reliefs de Khorsabad. Toute cette ornementation est exécutée à la râpe, et le fond sur lequel elle se détache n'est pas nivelé.

Calcaire dur. — Long. 2, 15. — Larg. 0, 55.

574. — Fragment de couvercle hémicylindrique d'un sarcophage. Il est entièrement lisse et encadré par une moulure.

Calcaire dur. — Long. 0, 83. — Larg. 0, 45.

Ces deux sarcophages ont été, en 1851, extraits par **M.** de Saulcy des tombes creusées dans le roc aux portes de Jérusalem, et connues sous le nom arabe de *Kobour el Molouk*, tombeaux des rois. Le savant voyageur, identifiant ces grottes avec celles auxquelles l'historien Josèphe donne le titre de σπηλάια βασιλικα, pense que les sarcophages ont recouvert les corps des rois de Juda, et que le plus richement décoré d'entre eux (n° 573), qu'il a retrouvé dans la chambre principale, a été exécuté par les ordres de Salomon pour son père David. Si les textes seuls suffisaient pour la classification des monuments, ceux que **M.** de Saulcy apporte à l'appui de son attribution nous autoriseraient à inscrire le nom du vaillant psalmiste en tête de ce chapitre (V. *Annales de la philosophie chrétienne*, 1852, IVe série, t. V, p. 245 sqq., 354 sqq., 452 sqq.). Cependant, surpris comme nous le sommes par l'apparition de monuments d'un style très antique, mais encore inconnu, destitués de moyens de comparaison, n'ayant pour nous guider ni inscriptions, ni image caractéristique, ne devons-nous pas attendre que l'archéologie judaïque soit devenue plus riche en documents ? M. le duc de Luynes a lu sur une pierre gravée du Musée de Florence le nom d'Abibal, roi de Tyr, père d'Hiram et contemporain de David (*Numismatique des satrapies*, 1846, p. 70, pl. XIII, n° 1). Cette attribution n'a soulevé aucune critique. Mais l'intaille ne représente que la figure du roi debout, et, par conséquent, ne peut fournir l'occasion d'aucun rapprochement avec les ornements du tombeau tiré des *Kobour el Molouk*. Les monuments assyriens que nous connaissons jusqu'à présent, postérieurs de quelques siècles au règne de Salomon, ne fournissent pas toutes les lumières dont nous aurions besoin dans une question si importante. Toutefois c'est encore de ce côté que nous devons diriger nos recherches ; car, sous le rapport de la civilisation, les Juifs et les Phéniciens n'ont jamais été qu'une enclave dans les grands empires de Ninive et de Babylone. La porte extérieure des *Kobour el Molouk* est surmontée d'une frise sculptée qui reproduit avec quelques variantes les ornements du tombeau attribué à David. Cette porte et ce tombeau sont donc certainement contemporains. L'entrée d'un autre sépulcre creusé dans un rocher de la vallée de Hinnom, et par conséquent très près des *Kobour el Molouk*, est surmontée d'un entablement divisé en huit petites métopes, deux desquelles, placées au centre, sont décorées de grappes de raisin. Les métopes latérales présentent cette rosace ou patère assyrienne qui existe sur le beau sarcophage des *Kobour el Molouk*, et un ornement qui ressemble à une paire de cornes de taureau renversées, symbole que le roi de Némrôd porte suspendu au cou avec des rosaces solaire et lunaire et une petite mitre (V. Layard, *Nineveh and its remains*, t. II, p. 446) (1). Viennent ensuite dans les métopes de droite et de gauche quatre rosaces qui rappellent encore ce collier du roi de Némrôd. Un troisième sarcophage, qui est resté dans le *Tombeau des rois*, et dont la forme est exactement celle des monuments rapportés par M. de Saulcy, présente à une de ses extrémités la rose à huit pétales entre deux fleurs de lis, et à l'autre, l'ornement composé d'un bouton en relief au centre d'un anneau. On a sculpté sur la partie hémicylindrique huit belles rosaces régulièrement espacées. Tout ce système d'ornementation a un caractère asiatique fort prononcé; mais la comparaison des monuments ne nous permet de remonter qu'au VIIIe siècle. L'étude des antiquités orientales est encore trop peu avancée pour que l'on puisse affirmer que les triglyphes qui se voient dans les entablements qui couronnent la porte extérieure des tombeaux juifs sont empruntés à l'art grec. L'emploi des cannelures produisant des listels en relief est un des faits les plus intéressants que nous ont démontrés les bas-reliefs de Khorsabad (V. Botta, *Mon. de Nin.*, pl. 114). De là à l'usage des triglyphes, la transition est facile à concevoir. On conviendra que l'origine orientale, actuellement bien établie, de la palmette, de l'ove, du fronton triangulaire, du chapiteau à volutes, de la voûte, doit nous rendre très circonspects lorsqu'il s'agit d'attribuer aux Grecs l'invention de quelque détail d'architecture.

N'oublions pas qu'une stèle numidique, trouvée près d'*El Keff*, dans la régence de Tunis, et conservée actuellement au Musée de Leyde, porte une figure de Baal assez grossièrement exécutée, tenant une énorme *grenade* et une *grappe de raisin*. Au-dessus l'on voit un triangle dans lequel est une rosace; de chaque côté, le type si connu : un point en relief au centre d'un anneau. Cette stèle n'a rien de funéraire; c'est un monument votif consacré au dieu Baal Khamon (Cf. le Jupiter (*Baal*) semblable à Apollon (*Khamon*) tenant une grenade à la main (Tatius, *Achill.*, ed. F. Jacobs, 1821, lib. III, 6) par Sutubal, fils d'Hiempsal, roi des Numides, au dire de Gesenius. M. de Saulcy rejette la lecture de ces noms historiques; mais il est d'accord avec

(1) Un bas-relief trouvé à Némrôd représente un roi agenouillé au dessous d'un disque ailé duquel descendent deux bandes ondulées que le prince saisit de la main gauche, et qui se terminent par une bifurcation semblable à une paire de cornes de taureau. Ce symbole paraît être une émanation de la divinité (voyez plus haut la note du n° 458 et Layard, *The Mon. of Nin.*, pl. 39).

Gesenius sur la dédicace du monument à Baal Khamon, et il a publié de nouveaux textes épigraphiques relatifs à ce dieu (V. *Annal. de l'hist. archéol.*, 1845, t. XVII, p. 96). En comparant cette stèle (dans les *Monumenta ling. phænic.*, pl. XXIII, n° 40) avec les sarcophages des *Kobour el Molouk* et de la vallée de Hinnom, qui offrent les mêmes détails d'ornementation, on se persuade facilement du long espace de temps qu'il a fallu aux Phéniciens d'Afrique pour oublier les principes de cet art dont les monuments de la Judée portent la vive empreinte. Mais il demeure constant que les colons tyriens avaient emporté de la mère patrie leur sytème de décoration. Ainsi encore la monnaie phénicienne de Lixus de Mauritanie offre pour types : d'un côté, un autel sur lequel est deux fois répété le disque solaire aux ailes éployées, et de l'autre, deux grappes de raisin disposées comme celles qui se voient au centre de l'entablement du tombeau de la vallée de Hinnom, cité plus haut. (V. Falbe et Lindberg, *Médailles de l'ancienne Afrique*, Copenh., 1843, p. 11.)

MONUMENTS MOABITES.

575. — Angle supérieur d'un chambranle de porte trouvé dans les ruines de Rabbat-Moab (Aréopolis des Romains), le 18 janvier 1851. Ce morceau est taillé en forme de cadre à moulure, et l'angle intérieur est orné d'un fleuron semblable à celui qui forme la base de la plante sacrée figurée dans le bas-relief assyrien décrit plus haut (n° 12), et à cette espèce de fleur de lis qui surmonte les tiares des personnages sculptés dans les bas-reliefs n°s 6, 7, 8, 12, 34, 35.

Lave noire. — Long. d'un côté : 0,89.

(Donné par M. de Saulcy, 1851.)

576. — Fragment de poterie fort épaisse et noire à l'intérieur, enduite d'une couverte rougeâtre sur laquelle se détache une bande et des méandres brun foncé.

(Trouvé par M. de Saulcy, à Kherbet-Fougoua, à l'est de la Mer-Morte.)

577. — Fragment de vase de terre jaunâtre, décoré de lignes et de points rouges et noirs.

(Trouvé par M. de Saulcy, à Kherbet-Fougoua.)

578. — Fragment de poterie jaunâtre sur lequel est peinte une large bande brune.

(Recueilli par M. de Saulcy, à El Karak, à l'est de la Mer-Morte.)

Ces trois fragments de poterie ont une très grande importance pour l'histoire de l'art, car leur fabrique doit leur faire attribuer une origine très ancienne, et, d'un autre côté, la couleur et le système d'ornementation les rattachent très étroitement aux vases dont on trouve des fragments sur le sol de Mycènes et auxquels M. Raoul-Rochette avait assigné une origine assyro-phénicienne (*Mém. de l'Acad des Inscrip.*, t. XVII, 2ᵉ part., p. 78 et suiv., pl. IX). Il faut encore comparer ces poteries avec le vase assyrien parfaitement intact décrit plus haut sous le nº 282.

MONUMENTS PHÉNICIENS.

579. — Sarcophage taillé en gaîne ; la moitié inférieure qui forme le cercueil a été creusée avec un grand soin pour recevoir le corps ; autour de la partie évidée règne une moulure sur laquelle s'ajuste avec précision un couvercle bombé qui se relève vers les pieds et dont la partie la plus large présente un buste de femme sculpté en haut-relief ; la tête est couronnée d'une triple rangée de boucles de cheveux qui ont été peints en bleu foncé ; quatre longues mèches ondulées descendent au-dessous des épaules. Le couvercle peut être soulevé à l'aide de quatre poignées saillantes qui ont été ménagées dans le marbre ; la caisse inférieure présente six de ces poignées ; le trou auriculaire du côté gauche est percé dans toute l'épaisseur du couvercle.

Marbre blanc. — Long. 2, 09.

(*Acquis en* 1853.)

Ce monument, découvert par M. Pérétié, près de Tripolis de Phénicie, offre certaines analogies avec les tombeaux égyptiens exécutés sous la XXVIe dynastie, c'est-à-dire pendant les VIIe et VIe siècles avant l'ère chrétienne. Mais la tête du sarcophage phénicien a un caractère qui n'est nullement égyptien et qui se retrouve exactement dans les œuvres de la plus haute antiquité grecque.

580. — Lion couché tourné à gauche; la patte gauche de devant croisée sur la droite, qui est renversée.

Basalte noir. — Long. 0, 69.

(*Acquis en* 1853.)

Cette figure, trouvée en Phénicie par M. Pérétié, est une imitation des lions égyptiens de l'époque des rois saïtes de la XXVIe dynastie.

581. — Colonne au sommet de laquelle est sculptée une couronne de fleurs à quatre pétales ; au centre de cette couronne on voit un bouton de lotus ; au-dessous, un disque avec ailes et queue d'oiseau ; plus bas encore, un croissant renversé sur un globe.

Marbre blanc. — Haut. 0, 64.

Cette colonne a été rapportée de Tyr, en 1852, par M. de Saulcy.

Une belle porte découverte par M. de Vogué à Omm el Amid, dans le voisinage de Tyr, monument qui appartient à la haute antiquité phénicienne, offre un chambranle décoré de sculptures ; de chaque côté on voit une figure coiffée d'une tiare, tenant un sceptre, et au centre, un disque à queue d'oiseau au-dessous duquel est un globe surmonté d'un croissant renversé.

582. — Partie supérieure d'une statuette d'homme barbu, la tête surmontée d'une sorte de tiare, l'épaule gauche couverte d'une draperie qui passe sur le devant du corps en laissant le sein droit à découvert. Style très ancien.

Terre cuite. — Haut. 0, 115.

(*Trouvée à Tyr*, 1852.)

583. — Figurine d'homme barbu, la tête couverte d'une coiffure conique, le vêtement tombe jusqu'aux pieds; la main droite serre contre la poitrine une patère, le poignet est orné d'un bracelet, le bras gauche est appliqué contre la cuisse. Style très ancien.

> Terre cuite. — Haut. 0, 29.
> (*Donnée par M. de Saulcy*, 1854.)

584. — Figurine de femme à corps cylindrique; la tête parait couverte d'un voile, les deux mains sont ramenées sur la poitrine; elle est décorée de peintures noires et rouges.

> Terre cuite. — Haut. 0, 20.
> (*Trouvée à Tyr*, 1852.)

585. — Partie supérieure d'une figure de femme, analogue à la précédente. De la main droite elle tient une patère; le visage est peint en rouge, la coiffure et d'autres détails en noir.

> Terre cuite. — Haut. 0, 09.
> (*Donnée par M. de Saulcy*, 1854.)

586. — Partie supérieure d'une statuette de femme; très fruste.

> Terre cuite. — Haut. 0, 08.
> (*Trouvée à Tyr*, 1852.)

587. — Buste imberbe; la tête est ceinte de bandelettes, le cou orné d'un collier et les oreilles de pendants; les cheveux, disposés en petites boucles régulières, couronnent le front et tombent sur les épaules. Très ancien style.

> Terre cuite. — Haut. 0,11.
> (*Trouvé à Tyr*, 1852.)

Cette figure et la suivante offrent beaucoup d'analogie avec certaines statuettes de pierre que l'on a découvertes dans l'île de Chypre.

588. — Partie supérieure d'une figure de femme; la tête couverte d'une coiffure large et plate, les oreilles sont ornées de pendants et le cou de deux colliers, outre lesquels un cordon soutient sur la poitrine une grande bulle. Très ancien style.

> Terre cuite. — Haut. 0,15.
> (*Donnée par M. de Saulcy*, 1854.)

589. — Figure très grossièrement modelée; elle porte sur le dos un grand disque ou bouclier; les deux bras s'appuient sur les côtés d'un char ouvert par derrière.

> Terre cuite. — Haut. 0, 16.
> (*Donnée par M. de Saulcy*, 1854.)

590. — Mosaïque trouvée dans le voisinage de l'ancienne basilique de Béryte, près du cap de Beirouth. Elle est composée de gros cubes de calcaire blanc. On reconnaît vers l'angle inférieur de droite la tête et le dos d'un quadrupède représenté à l'aide de cubes de marbre rouge. Le travail en est grossier et d'apparence très antique.

> Haut. 0, 92. — Larg. 0, 57.
> (*Donnée par M. de Saulcy*, 1854.)

591. — Scarabée. Sur la face plane un homme trapu, fortement barbu, muni d'une queue de taureau et la tête surmontée de quatre plumes, tient suspendu, de la main droite, un sanglier, et porte sur ses épaules un lion qui a la gueule béante, et dont il tient de la main gauche une patte de derrière. Au-dessus, dans le champ, un petit globe surmonté d'un croissant renversé.

> Jaspe vert foncé. — Long. 0, 014.
> (*Musée Charles X.*)

Cette pierre gravée, exécutée avec un admirable talent,

est évidemment phénicienne ; le symbole composé d'un globe surmonté d'un croissant renversé se voit deux fois sur l'intaille d'Abibal, roi de Tyr (Voyez duc de Luynes, *Numism. des satrapies*, pl. XIII, n° 1). On le retrouve encore placé entre deux épis sur la monnaie phénicienne de Sexti (Voyez Lindberg, *Comment. de num. Sextor*, Copenh. 1824). Le cippe trouvé à Tyr et rapporté par M. de Saulcy, porte ce même symbole sculpté en relief saillant, au-dessous d'un disque solaire muni d'ailes et d'une queue d'oiseau.

Une figurine de terre, émaillée en vert clair, trouvée en Egypte, et récemment acquise par le Musée, représente ce même dieu trapu, serrant contre sa poitrine une chèvre ou un ibex qu'il tient par les quatre pieds, action identique à celle de plusieurs figures gravées sur des cylindres babyloniens, et que nous avons déjà signalée en décrivant la statuette de bronze trouvée à Hillah, par M. Fonfride, et classée sous le n° 538. Le dieu trapu et barbu qui, dans plusieurs monuments égyptiens, et notamment dans les manches de cistres, se trouve mis en rapport avec Athor, doit avoir, comme cette déesse, une origine asiatique. On a vu plus haut (n° 501) la description d'une petite figure du même dieu trouvée à Khorsabad dans les fondations du palais, au-dessous des grands blocs sculptés. Récemment M. Pérétié a envoyé de Beirouth à Paris un scarabée de très bon travail, sur lequel on voit gravée en creux une figure d'Hercule couché tenant une coupe, et accompagnée du nom *Abda* en caractères phéniciens.

592. — Scarabée ; sur la face plane on voit gravée en creux une divinité assise sur un trône, devant lequel se tient un adorateur ; en haut, un astre ; dans le champ, un *aleph* phénicien et une croix ansée avec anneau circulaire. Au-dessous de cette représentation, une ligne de caractères.

Basalte vert. — Long, 0, 045.

(*Musée Charles X.*)

Au sujet de ce monument, voyez : Passeri, *thes. Gemm. astrifer.* I, tab. XXIV, II, p. 71, 71. — Murr, *Journal zur Kunstgeschichte und lift.* th. IV, taf. 1, fig. A, p. 141 ; — Herder, *OEuvres complet. Sammtl. Werk.* th. I, dernière pl. ; — Tassie, pl. XI, n° 654 ; — Grotefend, *pers. Ikon. aus Babyl. und Ægypt. Kunstw* ; — Bottiger, *Amalth.*, t. II, taf. 1, n° 22, p. 101, 103, 112, 114 ; —Landseer, *Sab. research.*, p. 361 ; — Petit-Radel, *Mus. des antiq.*, t. IV, pl. 566 ; — Tychsen, *de cuneatis inscr. persep.*, p. 21 ;

— Raoul-Rochette, *Mém. de l'Acad. des inscript.*, t. XVI, p. 373.

593. — Stèle funéraire. Elle est décorée à sa partie supérieure d'une élégante palmette sculptée avec le soin le plus délicat. Deux roses à huit pétales séparent l'inscription phénicienne :

(à Benkhodesch (*Numenius*), *fils d'Abdmelcart* (*Heraclius*), *fils d'Abdschems* (*Héliodorus*) , *fils de Tagginetz* (*Stephanus*), *homme de Cittium*), de l'inscription grecque ΝΟΥΜΕΝΙΟΣ ΚΙΤΙΕΥΣ tracée en deux lignes, et qui est la traduction fort abrégée du premier texte.

Marbre blanc. — Hauteur, 0, 90.

Cette belle stèle, trouvée à Athènes près de l'Académie, et rapportée par Fauvel, consul de France, a été l'objet d'un grand nombre de publications (Akerblad, *Lettre à M. le chev. d'Italinsky, sur une inscrip. phénic.* Rome, 1817 ; travail réimprimé par Millin ; *Annal. encycl.*, t. II, p. 193 sqq. — S. de Sacy, *Journal des Savants*, 1817, p. 433. — Bouillon, t. III, cip. chois., pl. 1, n° 5. — Bœckh, *Corpus inscript.*, t. I, n° 859. — Clarac, *Musée de sculpt.*, n° 488, pl. 252. — Gesenius, *Script. ling. q. phœnic. mon.*, tab. 10, n° VI, page 118).

MONUMENTS PALMYRÉNIENS.

594. — Tête de femme voilée ; sur le front passe un bandeau décoré au centre d'un fleuron de feuilles d'acanthes. Les oreilles sont ornées de pendants en forme de grappes de raisin.

Marbre rouge. — Haut. 0, 29,

(Donnée par M. de Ségur-Duperron, consul général de France, 1852.)

Cette tête, recueillie dans les ruines de Palmyre, par les soins de l'évêque syrien Yacoub, est d'un bon style. Elle offre beaucoup d'analogie avec le buste de femme voilée qui se trouve, entouré d'une légende en caractères palmyréniens, sur des monnaies d'argent et de bronze qui n'ont pas encore été classées (Voy. Pellerin, *Méd. de peupl. et de villes*, t. III, pl. cxxi, n° 26, et 3e suppl., pl. vi, n° 2).

595. — Buste d'homme barbu, la poitrine couverte d'une draperie ; tenant de la main gauche le manche d'une arme, et se détachant en haut-relief sur un fond orné de fleurs sculptées et peintes en rouge.

A l'angle gauche de la pierre, on voit une inscription en trois lignes :

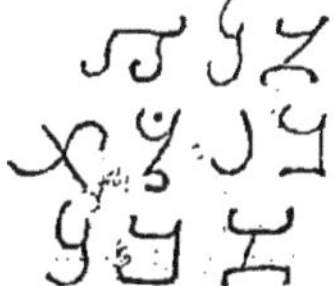

qui se traduit par *Salem, fils de Roschbal.*

Pierre calcaire. — Haut. 0, 42.

Ce fragment trouvé à Palmyre a été donné, en 1852, par M. de Ségur-Duperron. Il appartient évidemment aux bas temps et à une époque très voisine du règne de Zénobie. Dans l'inscription, le caractère *schin* qui se voit deux fois, a une forme différente de celle qui se trouve dans les textes épigraphiques publiés jusqu'à présent. Cette forme est toutefois très voisine de celle du *schin* rabbinique.

596. — Quadrilatère de terre cuite, sur les faces duquel se voient des caractères palmyréniens.

Haut. 0,018.

(*Trouvé à Palmyre, donné par M. de Ségur.*)

597. — Cinq petits quadrilatères de terre cuite, représentant deux personnages assis de côté l'un près de l'autre, dans l'attitude donnée aux figures placées sur le dessus de sarcophages étrusques et romains. Dans le champ, se trouvent quelques caractères palmyréniens peu distincts.

Haut. 0,012.

(*Trouvés à Palmyre; donnés par M. de Ségur.*)

EMPREINTES DE PLATRE.

Avant de faire placer les bas-reliefs contre les murailles, on a pris l'empreinte des inscriptions qui ont été gravées au revers lors de la construction du palais de Khorsabad; les bas-reliefs étant presque tous des portions détachées de monuments plus considérables, la plupart des inscriptions sont incomplètes.

L'administration du Musée n'est pas dans l'usage

d'exposer dans les mêmes salles les moulages et les monuments originaux ; mais les empreintes indiquées ici font en quelque sorte partie intégrante des monuments de Khorsabad, puisqu'elles permettent au public d'en étudier les parties cachées. Une exception a été faite pour la stèle de Larnaca, dont le gouvernement prussien a bien voulu accorder un moulage au Musée du Louvre ; ce monument, pour être étudié convenablement, devant être rapproché des bas-reliefs où paraît le portrait du roi Sargon.

598. — Vingt-huit lignes de beaux caractères, cunéiformes. Moulé sur le revers du taureau, n° 1.

599. — Vingt lignes de caractères ; revers du taureau, n° 2.

600. — Vingt-sept lignes de caractères ; revers du colosse, n° 5.

601. — Vingt-une lignes ; revers de la divinité à quatre ailes, n° 6.

602. — Vingt-une lignes de beaux caractères ; coin droit supérieur fruste ; revers du personnage à deux ailes, n° 8.

603. — Quatorze lignes de beaux caractères, les cinq dernières brisées ; revers du prêtre portant un ibex, n° 10.

604. — Vingt-trois lignes ; toute la partie supérieure est fruste ; à la ligne 11 se lit le nom royal sous une forme différente de celle qui lui est donnée dans les autres inscriptions ; revers du sacrificateur, n° 11.

605. — Fragment de neuf lignes ; revers du prêtre invoquant la plante sacrée, n° 12.

606. — Dix lignes de beaux caractères ; revers du prêtre tenant une tige de pavots, n° 13.

607. — Vingt lignes en grande partie brisées ; revers du roi mitré et du ministre, n°s 15 et 16.

608. — Vingt et une lignes de beaux caractères ; revers des deux personnages joignant les mains, n° 18.

609. — Dix-sept lignes ; revers du guerrier, n° 19.

610. — Vingt-quatre lignes frustes ; revers des eunuques portant une table, n° 21.

611. — Vingt-neuf lignes ; toute la portion du milieu est fruste ; revers des eunuques portant un siége et un vase, n°s 22 et 23.

612. — Quatorze lignes ; revers de l'eunuque portant deux vases à boire, n° 24.

613. — Dix-sept lignes frustes ; revers des eunuques portant un char, n° 25.

614. — Seize lignes ; revers du soldat conduisant quatre chevaux, n° 28.

615. — Quinze lignes de petits caractères très frustes ; revers des soldats portant un char de guerre, n° 29.

616. — Vingt-deux lignes de très beaux caractères ; revers des chevaux conduits par des hommes vêtus de peaux d'animaux, n° 30. Cette inscription, qui contient le nom royal qui se lit aussi sur la face antérieure, prouve que les textes du revers ont été gravés en même temps que ceux qui accompagnent les sculptures.

617. — Plâtre de la stèle de Larnaca. Le monument original existe au Musée de Berlin. (Voy. plus haut, p. 16 et 116.)

Le bas-relief représente le roi Sargon, debout, vêtu d'une longue tunique ornée de franges. Sa tête est couverte d'une tiare dont les fanons retombent sur les épaules du monarque. De la main gauche, Sargon tient un sceptre surmonté d'une tête sphérique (voy. plus haut, n° 288); de la droite il supporte un appareil symbolique, au sommet duquel figurent un croissant lunaire, un soleil représenté sous la forme d'une rosace, une tige chargée de trois grenades (?) et sept globules représentant les planètes. Près de ces symboles, on voit une mitre ornée de deux paires de cornes de taureau et surmontée d'une fleur de lis. Vingt-sept lignes de caractères sont gravées sur la face antérieure de cette stèle et passent sur le relief de la figure royale. Les faces latérales portent cent trente-neuf lignes de caractères. Un sciage, pratiqué pour diminuer l'épaisseur du monument original, a enlevé une partie de toutes ces lignes, c'est-à-dire la fin de celles qui sont gravées sur le côté gauche et le commencement de celles du côté droit. Les deux premières lignes du côté gauche contiennent le nom et les titres royaux.

Haut. 2, 08. — Larg. 0, 67.

Les sculptures de Némrôd et de Nahr-el-Kelb offrent aussi

des inscriptions qui passent sur les figures. C'est un trait particulier du goût assyrien. Dans un des bas-reliefs de Khorsabad (Botta, *Mon. de Nin.*, pl. 66) représentant un siége, on voit, à l'angle de la citadelle, une stèle arrondie à sa partie supérieure, sur laquelle est sculpté un roi dans l'attitude que donne à Sargon la stèle de Larnaca.

Une grande stèle semblable à celle de Larnaca a été dernièrement découverte dans le palais de Némrod, et transportée au Musée Britannique. (Voy. Layard, *A second series of the monum. of Nineveh*, 1853, pl. 4).

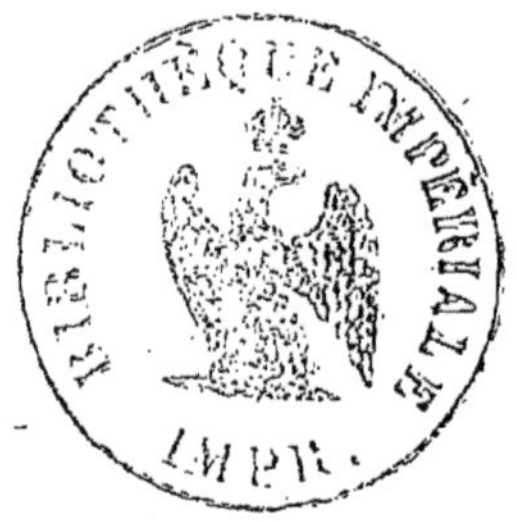

FIN.

INDEX.